2014～2015

上海经济形势回顾与展望

ECONOMY OF SHANGHAI REVIEW AND OUTLOOK（2014～2015）

主　编　王建平

上海市统计科学应用研究所

格致出版社　上海人民出版社

目 录

总报告

经济增速平稳换挡　转型发展深入推进

分报告

综合篇

需求篇

产业篇

价格篇

民生篇

CONTENTS

-- PRICE --

-- LIVELIHOOD --

经济增速平稳换挡　转型发展深入推进

——2014～2015 年上海经济形势回顾与展望

2014 年,在严峻复杂的国内外环境中,在党中央、国务院和市委、市政府的正确领导下,上海全面贯彻落实党的十八大和十八届二中、三中和四中全会精神,坚持稳中求进、改革创新,紧紧围绕创新驱动发展、经济转型升级,统筹落实稳增长、促改革、调结构、惠民生、防风险的发展目标,国民经济运行于合理区间,结构调整继续优化,经济转型升级进一步推进。展望 2015 年,世界经济继续温和复苏,但不确定性风险依然存在;国内经济"三期叠加",仍然面临结构性减速,改革和转型将进一步加速。在此背景下,上海经济有望继续平稳运行,"新常态"下呈现新特征:经济增速平稳换挡,转型升级深入推进。

上篇　2014 年上海经济形势回顾

一、　上海经济运行情况

1.总体经济稳中趋缓,增速运行于合理区间

2014 年前三季度,上海实现地区生产总值(GDP) 16 607.08 亿元,按可比价格计算,比上年同期增长 7%,增速同比回落 0.7 个百分点(见图 1)。其

中,第一产业增加值 72.23 亿元,增长 3.5%;第二产业增加值 6 102.17 亿元,增长 4.6%;第三产业增加值 10 432.68 亿元,增长 8.5%。经济增速呈现波动回落态势:1 季度同比增长 7%,增速为 2012 年 1 季度以来最低;2 季度当季增速略回升至 7.2%,上半年累计增长 7.1%;3 季度当季增速跌落至 6.7%,前三季度累计增长 7%。2014 年以来经济增速的波动回落,是多方面因素综合作用的结果,一是上年同期对比基数较高;二是经济结构调整的阵痛超出预期,主要表现在 2014 年以来房地产持续调整的累积效应有所增加,在短期内影响相关企业的生产、消费和投资。

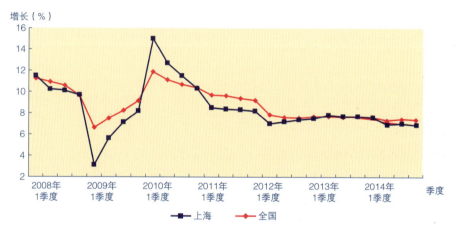

图 1 2008～2014 年上海与全国季度 GDP 增长趋势

尽管经济增速有所趋缓,但就业和物价仍保持稳定运行,国民经济运行仍处于合理区间。1～11 月,全市新增就业岗位 59.89 万个,其中实现非农就业 10.15 万个。截至 11 月底,全市城镇登记失业人数 24.84 万人,比上年末减少 1.53 万人。1～11 月,居民消费价格上涨 2.7%,总体温和可控。在国内外经济形势复杂多变,上海经济结构调整压力不断加大的情况下,经济能够保持平稳运行,成果来之不易。

从全国范围来看,2014 年以来,全国及绝大部分省市经济增速均出现不同程度地回落。前三季度,上海 GDP 同比回落 0.7 个百分点,幅度小于除北京外的其他主要省市(见表 1)。

表 1　2013 年、2014 年前三季度上海、全国及主要省市 GDP 增速

地　区	2014 年前三季度 GDP 增速(%)	2013 年前三季度 GDP 增速(%)	增速回落幅度（百分点）
全　国	7.4	7.7	0.3
上　海	7.0	7.7	0.7
北　京	7.3	7.7	0.4
天　津	10.0	12.6	2.6
江　苏	8.8	9.6	0.8
浙　江	7.4	8.3	0.9
山　东	8.7	9.6	0.9
广　东	7.6	8.5	0.9

2. 工业生产稳中趋缓，第三产业平稳增长

工业生产稳中趋缓。2014 年 1～11 月，上海完成工业生产总值（规模以上口径，下同）29 269.33 亿元，比上年同期增长 1.5%，增速同比回落 2.8 个百分点；完成工业增加值 6 569.07 亿元，增长 4.5%，增速回落 1.9 个百分点。从各月走势看，工业生产增速呈"前高后低"：受同期基数影响，工业总产值增速和工业增加值增速年初均低于上年平均水平，随后缓慢回升；自 7 月、8 月起，受汽车制造业和电子信息制造业生产萎缩影响，工业总产值增速和工业增加值增速均出现明显回落。1～11 月，六个重点行业完成工业总产值 19 593.38 亿元，比上年同期增长 1%，增速同比回落 3.5 个百分点，占全市工业总产值的比重保持在 70% 左右，除成套设备制造业外，其余行业增速均出现回落（见表 2）。

工业出口交货值降幅略有收窄。1～11 月，上海实现工业出口交货值 6 927.47 亿元，比上年同期下降 0.9%，降幅同比收窄 3.1 个百分点。从月度走势看，4 月起当月出口交货值开始连续 4 个月增长，但受计算机、通信和其他电子设备制造业相关订单的拖累，8 月当月出口明显下降，9 月、10 月则有所好转，11 月再度下降。

表2　2014年1～11月上海六个重点工业行业生产情况

指　标	1～11月 （亿元）	比上年同期 增长（%）	增幅同比提高 （百分点）
规模以上工业总产值	29 269.33	1.5	−2.8
＃六个重点行业工业总产值	19 593.38	1.0	−3.5
电子信息产品制造业	5 612.70	−2.5	0.6
汽车制造业	4 844.00	9.8	−5.0
石油化工及精细化工制造业	3 477.14	−7.2	−16.3
精品钢材制造业	1 332.48	−2.5	−0.9
成套设备制造业	3 532.67	5.5	5.8
生物医药制造业	794.39	5.5	−8.7

第三产业平稳增长，占GDP比重继续提高。前三季度，第三产业增加值比上年同期增长8.5%，增速快于第二产业增速3.9个百分点，对全市经济增长的贡献率达到73.6%。第三产业增加值占GDP的比重为62.8%，同比提高1.2个百分点，已连续7个季度稳定在60%以上，为全市经济保持平稳有序发展发挥了重要作用。

第三产业主要行业中，金融业、房地产业增速明显回落。前三季度，受人民币存贷款增速下滑的影响，上海金融业实现增加值2 121.16亿元，增长8.4%，增幅同比回落5.6个百分点；受房市成交持续低迷的影响，房地产业实现增加值895.21亿元，增长1.1%，回落12.2个百分点。批发和零售业、住宿和餐饮业以及交通运输、仓储和邮政业增速均有所提高，分别实现增加值2 735.43亿元、242.82亿元和779.71亿元，增长6.9%、3.9%和12.5%，增速分别提高0.3个、2.1个和13.3个百分点。信息传输、计算机服务和软件业实现增加值839.59亿元，增速与上年同期基本持平。

3. 零售市场平稳运行，固定资产投资增速回落

零售市场增幅稳中有升。2014年1～11月，社会消费品零售总额7 959.46亿元，比上年同期增长8.7%。其中，1季度、上半年和前三季度分

别增长 7.2％、7.6％和 8.5％,呈稳步回升态势。分行业看,住宿和餐饮业实现零售额 761.45 亿元,增长 5.2％;批发和零售业零售额 7 198.01 亿元,增长 9.1％。分经济类型看,外商投资经济零售额增长领先。1～11 月,外商投资经济零售额增长 15.4％,增速分别快于国有经济和私有经济 8.5 个和 6.6 个百分点,而集体经济零售额下降 3.6％。从零售业态看,电子商务继续引领消费市场增长。1～11 月,网上商店实现零售额 738.13 亿元,增长 25％,占消费品零售总额的比重为 9.3％。

固定资产投资投资增速回落。1～11 月,全社会固定资产投资总额完成 5 231.37 亿元,比上年同期增长 6.7％,增速同比回落 1.6 个百分点。从产业投向看,第三产业仍是投资增长的主导产业。1～11 月,第三产业投资完成 4 253.03 亿元,增长 10.5％,占全社会固定资产投资的 81.3％,比重同比提高 2.8 个百分点;工业完成投资 967.13 亿元,下降 6.7％,占全社会固定资产投资的 18.5％,同比减少 2.6 个百分点。从主要投资领域看,城市基础设施投资增幅提高,房地产开发投资增幅回落。1～11 月,城市基础设施投资完成 877.49 亿元,增长 6.5％,增幅同比提高 5.9 个百分点;房地产开发投资完成 2 894.9 亿元,增长 12.9％,增速同比回落 6.4 个百分点。从投资主体看,非国有经济投资较为活跃。1～11 月,非国有经济完成投资 3 735.2 亿元,增长 12％;国有经济投资 1 496.17 亿元,下降 4.7％。

4. 外贸进出口总体回暖,外资实到金额平稳增长

外贸进出口总体回暖。2014 年 1～11 月,全市外贸进出口总额完成 4 235.1 亿美元,比上年同期增长 5.4％,增速同比提高 5 个百分点。其中,外贸出口总额完成 1 915.49 亿美元,增长 2.6％,上年同期为下降 1.6％;外贸进口总额完成 2 319.61 亿美元,增长 7.8％,增速同比提高 5.7 个百分点。从总体形势看,外贸进出口形势总体好于上年,为近三年来最好水平。从走势看,进、出口年内均呈现波动回落态势,出口累计增速从 7 月的 4％逐月回落至 1～11 月的 2.6％;进口累计增速从 1 月的 22.9％回落至 1～11 月的 7.8％。

外贸出口结构继续表现为两个"快于"：一是一般贸易快于加工贸易。一般贸易出口完成801.55亿美元，同比增长7.2%；而加工贸易出口完成837.59亿美元，下降2.9%。二是私营企业出口快于国有企业和外商投资企业。私营企业出口355.63亿美元，增长7.3%，而外商投资企业出口1 285.39亿美元，增长3.3%，国有企业出口257.81亿美元，下降6.3%。

外商直接投资实际到位金额保持平稳增长，合同外资大幅增长。1～11月，外商直接投资实际到位金额173.61亿美元，比上年同期增长9.3%。其中，第三产业实到外资增幅提高，第二产业实到外资则大幅下降。1～11月，第三产业外资实到金额156.08亿元，增长21.9%，增幅同比提高15.1个百分点；第二产业外资实到金额17.5亿元，下降43.4%，而上年同期为增长28.3%。1～11月，外商直接投资合同金额293.57亿美元，增长41.4%，上年同期为下降1.1%。

5. 财政收入较快增长，货币信贷平稳运行

财政收入保持较快增长。2014年1～11月，上海完成地方财政收入4 345.49亿元，比上年同期增长10.5%，增幅同比提高1.2个百分点。其中，1季度、上半年和前三季度分别增长18.9%、16.5%和13.2%，呈"前高后低"走势。分税种看，增值税增长11.9%、营业税增长3.7%，企业所得税增长12.2%，个人所得税增长14.6%，而契税下降1.9%（见表3）。地方财政支出

表3　2014年1～11月上海地方财政收入情况

指　　标	绝对值(亿元)	比上年同期增长(%)
地方财政收入	4 345.49	10.5
＃增值税	902.85	11.9
营业税	955.19	3.7
企业所得税	932.63	12.2
个人所得税	379.02	14.6
契税	196.23	－1.9

3 801.86 亿元,增长 6.5%,而上年同期也下降 1.5%。主要支出项目中,医疗卫生与计划生育支出增长 13.2%,公共安全支出增长 10.4%,城乡社区支出增长 11.9%。

货币信贷平稳运行。11 月末,中外资金融机构本外币存款余额 72 193.91 亿元,比上年同期增长 5%;较年初新增 2 924.42 亿元,同比少增 2 082.24 亿元。其中,单位存款新增 1 432.87 亿元,同比少增 1 936.19 亿元;个人存款新增 227.01 亿元,同比少增 394.96 亿元。中外资金融机构本外币贷款余额 47 505.77 亿元,增长 6.7%;比年初新增 3 014.19 亿元,同比少增 435.9 亿元。在各项贷款中,短期贷款减少 337.1 亿元,而上年同期为新增 805.09 亿元;中长期贷款新增 2 151.92 亿元,同比少增 84.44 亿元。

6. 居民消费价格温和上涨,工业生产价格持续下降

居民消费价格温和上涨。2014 年 1～11 月,上海居民消费价格总水平比上年同期上涨 2.7%,涨幅同比提高 0.4 个百分点。其中,1 季度、上半年和前三季度涨幅均稳定在 2.6%～2.7% 之间,总体温和可控。从走势看,下半年以来,居民消费价格涨幅呈波动回落趋势,同比涨幅从 7 月的 3% 回落至 11 月的 2.6%。服务项目价格涨幅较高,1～11 月上涨 4.1%,涨幅同比提高 0.4 个百分点。从八大类商品看,居住类价格上涨成为居民消费价格总水平上涨的主要推力。1～11 月,居住类价格比上年同期上涨 4.7%,拉动居民消费价格总水平上涨 1.1 个百分点。此外,食品类价格上涨 3.2%;娱乐教育文化用品及服务类价格上涨 2%;衣着类价格上涨 2.9%;家庭设备用品及维修服务类价格上涨 1.7%;烟酒类上涨 1%;医疗保健和个人用品类价格上涨 0.3%;交通和通信类价格上涨 0.2%。

工业生产者出厂价格持续下降。1～11 月,工业生产者出厂价格环比累计下降 1.7%,同比下降 1%,降幅分别比上年同期扩大 0.3 个和缩小 0.8 个百分点;工业生产者购进价格环比累计下降 5.6%,同比下降 3.8%,降幅分别扩大 2.3 个和 0.3 个百分点。从走势看,两大工业生产价格同比指数均呈倒 V 形走势,总体处于下降通道之中。工业生产者出厂价格降幅自 4 月起

逐月收窄,7月出现短暂回升,升幅为 0.1%,8月开始再次转为下降,降幅在 0.1%～1.8% 之间;工业生产者购进价格降幅从 4 月起逐月收窄至 7 月的 1.7%,8 月开始降幅再次扩大。从两大指数的差距看,1～11 月,购进价格同比降幅要大于出厂价格 2.8 个百分点,此差距比上年同期扩大了 1.1 个百分点(见图 2)。

图 2 上海居民消费价格和工业生产者价格各月同比指数走势

二、 上海经济转型的主要成就

1. 自贸区建设扎实推进,各项改革成效逐步显露

2014 年,以中国(上海)自由贸易试验区建设为核心的各项改革有序推进,在重点领域和关键环节取得积极成效。上海自贸试验区建设成果显著。一是金融创新取得明显成效。随着金融创新制度框架的基本形成,金融机构呈现不断聚集之势,累计 87 家持牌金融机构和一批金融服务企业入驻,新增跨境人民币结算额 1 563 亿元,人民币境外借款额 174.3 亿元。二是新注册企业快速增长。1～11 月,新注册企业 10 605 家,比上年同期增长 3.1 倍;内资企业注册资本增长 6.4 倍。三是上海自贸试验区各项经济规模指标

完成良好。从经济规模等指标来看,1～11 月,上海自贸试验区完成经营总收入 14 450 亿元,增长 11%,其中商品销售额 12 475 亿元,增长 11.2%,航运物流服务收入 1 085 亿元,增长 15%;税务部门税收 536.89 亿元,增长 9.1%。"营改增"试点范围的扩大为企业减税发挥积极作用,服务业总体税负逐年降低。初步测算,上海社会服务业(除交通运输、房地产、批发零售、住宿餐饮、金融业以外的服务业)相关税负率(营业税和增值税占营业收入的比重)逐年下降,由 2012 年的 3.43% 降至 2014 年 1～8 月的 2.62%。

2. 服务业高端化趋势明显,新兴领域发展加快

2014 年以来,上海服务业保持良好发展态势,为全市转型升级发挥重要作用。高附加值服务业呈现良好发展态势。一是高技术服务业保持较快增长,前三季度,实现总产出比上年同期增长 8.6%。其中,知识产权及相关法律服务、检验检测服务、研发和设计服务总产出增幅分别达到 24.8%、14.3% 和 10.8%。二是生产性服务业主要行业为全市经济平稳增长发挥重要作用,1～9 月,互联网及相关服务业营业收入增长 21.7%,租赁和商务服务业增长 14.1%,其中法律服务、咨询与调查服务和广告服务分别增长 18.2%、14.2% 和 15.3%。三是服务业新兴业态持续快速发展,以信息技术应用为基础的服务业新模式加强集聚,平台经济为实体经济发展注入了新的活力。前三季度,上海电子商务交易额同比增长 28.1%,占全国的比重达到 10% 左右。服务业和制造业融合发展趋势明显,"营改增"试点政策的实施和扩大将进一步推动服务业从制造业中剥离,从而推动生产性服务业快速增长。据测算,2014 年统计口径从第二产业转为第三产业的企业涉及 13 家,涉及产值达到 200 亿元以上。

3. 制造业升级取得新进展,新兴工业企业不断涌现

一是战略性新兴产业中制造业发展取得新进展。2014 年以来,上海战略性新兴产业中制造业呈现恢复性增长,1～11 月,实现总产值 7 311.83 亿

元,比上年同期增长 5.7％,增幅快于全市工业 4.2 个百分点。七大行业全面增长,其中,新能源汽车和新能源行业总产值增速分别达到 36.1％和 19％(见表 4)。二是工业企业盈利模式多元化。近年来,在传统工业行业增长乏力的背景下,工业企业不断调整投资经营战略,从而拓宽利润增长空间。1～11 月,工业企业实现利润总额增长 5.7％,若扣除投资收益影响,工业利润仅增长 1.5％。三是淘汰落后产能力度继续加大。2014 年以来,共完成能耗核实工作的产调项目共 43 项,涉及纺织、橡胶和塑料制品、金属制品等 16 个行业,合计总能耗 23.28 万吨标准煤。四是工业“四新”(即新技术、新产业、新模式、新业态)企业不断涌现,为上海产业结构调整和经济转型升级注入源源不竭的动力。如上海博泰公司在车联网行业已达行业领先;张江理想能源公司生产的异质结太阳能电池用 PECVD 设备,成功获得亚洲地区重要客户的订单;金桥的安翰光电自主研发的遥控胶囊内镜机器人内含 300 多个零件,被视为世界同类技术最先进。

表 4   2014 年 1～11 月上海战略性新兴产业制造业总产值

指　　标	绝对额(亿元)	比上年同期增长(％)
战略性新兴产业制造业总产值	7 311.83	5.7
＃新能源	388.14	19.0
高端装备	2 215.59	5.2
生物医药	794.39	5.5
新一代信息技术	1 964.44	10.0
新材料	1 789.23	0.4
新能源汽车	46.00	36.1
节能环保	376.35	1.6

注:本表行业之间存在交叉计算、行业加总大于总计。

4. 中小企业发展态势向好,经济运行活力增强

2014 年以来,上海中小企业、私营企业发展积极向好,为总体经济运

行注入新活力。一是规模以上中型、小型工业企业生产态势好于大型企业。1～11 月,中型和小型企业工业总产值均比上年同期增长 2.4％,增幅快于大型企业 1.7 个百分点。二是私营企业出口快于全市水平。1～11 月,私营企业出口增长 7.3％,增幅高于全市水平 4.7 个百分点,而国有企业和外商投资企业分别下降 6.3％和增长 3.3％;私营企业出口占出口总额的比重为 18.6％,同比提高 0.8 个百分点。三是非国有经济投资步伐加快。1～11 月,固定资产投资中非国有经济投资增长 12％,而国有经济投资下降 4.7％,非国有经济投资占固定资产投资的比重达 71.4％,同比提高 3.4 个百分点。

5. 企业对外投资意愿增强,"走出去"步入新阶段

随着上海对外投资便利化的推进,以及投资门槛的降低,2014 年以来,企业"走出去"步伐明显加快。1～11 月,上海实现对外直接投资总额 113.6 亿美元,比上年同期增长 1.9 倍。对外投资结构呈现多元化,表现为:一是投资目的地以亚洲为主,对北美投资增速加快。上海企业对亚洲投资额占全部投资的比重为 44.8％,对北美洲的投资额占比为 23.4％。二是民营企业成为对外投资的主力军,对外投资额占全市投资额的比重达到 51.3％,涌现了复星收购葡萄牙保险集团等一批重大项目。三是资金流向以高附加值行业为主,在所有对外投资额中,流向商务服务、房地产、批发零售和信息服务等行业的投资额占比超过 90％。对外承包工程以大项目为主。1～11 月,上海对外承包工程新签合同超 5 000 万美元的大型、特大型项目 35 个,合同总额为 68.9 亿美元,占全市对外承包合同总额的 84.5％,主要集中在技术含量较高的电力工程、制造加工设施建设和石油化工项目等行业。

三、 经济运行中存在的主要问题

当前上海正处于结构调整加速期和经济增速放缓期,外部环境不确定、

不稳定性因素仍然较多,经济下行压力依然较大,一些潜在的风险与隐忧需要引起高度重视。

1. 部分经济指标再现回落,经济下行压力依然较大

在上海经济运行总体保持平稳的格局下,部分经济指标出现波动,经济增长依然存在较大下行压力。一是主要先行指标表现低迷,预示经济运行疲态难改。11月,上海制造业PMI指数为48.9,连续4个月位于临界值下方;工业生产者出厂价格和购进价格分别下降1.8%和5.5%,降幅分别比上月扩大0.6个和0.7个百分点。1～11月,货物运输量同比下降1.1%;工业用电量下降2.1%,而上半年微增0.04%。二是工业生产受市场需求低迷及基数效应等因素影响,增速将继续回落。石油及制品类、机电产品及设备类与煤炭及制品类等生产资料产品的销售增速持续低于全市商品销售额平均增速,市场需求疲软。在市场需求短期内不会有明显改观的情况下,受"前低后高"基数的影响,工业生产增速或将进一步放缓。三是与生产紧密相关的流通市场增速回升难度较大。工业生产增速放缓和工业品市场持续低迷,对全市商品销售额增速的提高形成明显制约。

2. 房地产市场持续调整下行,结构性问题需引起关注

2014年来,上海房地产市场持续调整下行。1～11月,商品房销售面积为1 747.99万平方米,比上年同期下降18.8%,降幅比上半年扩大0.2个百分点。其中,商品住宅销售面积为1 503.66万平方米,下降18.6%,降幅比上半年扩大1.5个百分点。1～11月,新建商品住宅价格同比上涨8.0%,比上半年回落6.7个百分点;环比累计下跌3.4%,而上半年为上涨0.6%。

房地产市场格局出现明显变化。一是住宅与商办楼市场结构发生较大变化,商办楼投资所占比重明显提高。近年来,由于商品住宅市场

受政策调控且竞争激烈,房地产开发企业开始逐渐转向商办楼市场,商办楼投资所占比重明显提高。1～11 月,办公楼和商业营业用房投资占房地产投资的比重达 31.2％,比 2011 年同期扩大近 10 个百分点。二是土地购置费占房地产开发投资的比重不断提高。1～11 月,上海房地产开发投资中,土地购置费占 29.2％,比 2008 年提高 15.5 个百分点(见图 3)。

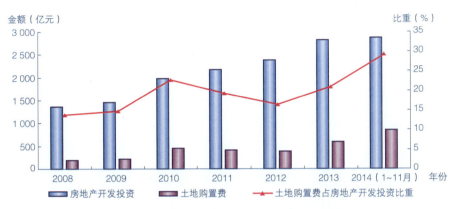

图 3　上海土地购置费占房地产开发投资的比重情况

3. 实体经济提振乏力,金融资本另寻出路

从当前形势看,由于劳动力、土地、融资等生产成本上升,上海实体经济发展面临的形势较为严峻,主要体现为以下几个方面:一是工业企业主营业务盈利能力不乐观。1～11 月,在工业企业利润总额中,若扣除投资收益,上海工业企业实现利润仅增长 1.5％。二是民营实业资本向外流动明显。1～11 月,民营企业对外投资额占全市对外投资的比重达到 51.3％。三是贷款有效需求不足。2014 年以来金融机构贷款余额增速持续低于上年同期水平(见图 4),截至 11 月末,上海金融机构存贷比为 65.8％,低于全国 7.6 个百分点。四是企业扩大再生产等实体投资意愿不强。通过调研信息反映,目前大企业倾向于提高资金积累,投向银行理财产品等固定收益方向,实体生产投资意愿不强。

图 4 上海金融机构贷款增长情况

4. 密切关注金融领域新变化，警惕周边城市风险的波及影响

随着经济增速的不断放缓，金融市场出现的新情况新变化需密切关注。一是房地产信贷风险有所显现。1～11月，上海房地产开发资金来源同比下降 0.3％，其中除国内贷款增长 26.5％外，利用外资、自筹资金和其他资金来源均较大幅度下滑，分别下降 74.0％、2.2％和 13.7％，房地产企业资金链压力不断上升。二是周边地区金融风险区域性扩散明显。9月末，上海银行业不良贷款率为 0.9％，比年初上升 0.1 个百分点，只低于 1％的临界值 0.1 个百分点。同时，全国金融风险重灾区已开始从浙江向长三角、珠三角和山东蔓延，上海需警惕周边地区金融风险蔓延波及的影响。

5. 部分关键领域发展表现较弱，转型升级内生动力亟待加强

一是城镇居民收入增速低于全市经济增速，将延缓经济结构的转型升级。前三季度，上海城镇居民人均可支配收入扣除物价因素后实际增长 6.2％，比同期全市经济增速低 0.8 个百分点，比全市财政收入和规模以上工业企业利润总额的增速分别低 7 个和 2.8 个百分点。这也是自 2011 年和 2012 年超过全市 GDP 增速后，连续 7 个季度落后于 GDP 增长。居民

收入增长缓慢将延缓居民消费能力提高和消费结构升级的速度。二是本地企业尤其是新兴服务领域企业竞争力不强,制约了产业结构的优化升级。从 2014 年 7 月《财富》中文网发布的中国 500 强公司排行榜的地区分布可以看出,上海本土的上榜公司总数低于北京、香港和广东,上榜公司营业收入和利润总额所占比重分别为 10%和 7.3%,比北京低 39.8 和 50.8 个百分点,本地企业的竞争力和北京差距很大。2014 年中国互联网公司 100 强排名显示,上海仅入围 18 家,比北京少 30 家,且实力最强的盛大仅位于第 12 位。

下篇　2015 年上海经济形势展望

一、2014 年上海经济运行面临的国内外环境

1. 世界经济进入换挡期,不确定性风险犹存

2014 年,反危机政策后遗症及结构性失衡开始整体拖累全球潜在增速的改善,世界经济再次陷入弱复苏态势。美国政策换挡虽然为世界经济转向常态化增长带来希望,但也在很大程度上使全球经济出现阶段性无序困局。2015 年,结构性改革是世界经济复苏提振的关键因素,这也或将推动全球经济逐步走出后危机时代。据 IMF 在 2014 年 10 月发布的《世界经济展望》最新预测,2015 年全球经济有望增长 3.8%,比 2014 年回升 0.5 个百分点,其中欧美日等发达经济体有望从 2014 年的增长 1.8%提高到 2.3%;新兴市场国家增长 5%,较 2014 年提高 0.6 个百分点。

2015 年,美国经济实现常态化增长将成为全球经济走出后危机时代的起点,主要经济体会在很大程度尽力消除当前的无序状态,力争实现经济复苏"由虚到实"的转变,世界经济有望进一步回暖。

(1) 政策换挡

2015 年,美国货币政策估计将会趋向紧缩,这将要求其他经济体不能再

过多依赖宽松货币政策,必须更加注重国内结构调整。

(2) 改革换挡

发达经济体改革将从反危机转向改善经济潜在增长能力,如财政重整、财政紧缩退出、加大基础设施投资等;新兴市场国家则需要通过平衡国内供需,提升经济安全性。

(3) 产业换挡

以页岩气为代表的新能源革命及大宗商品价格回落,在一定程度上会再次刺激全球制造业发展,但这是融合了信息技术化和智能技术的新型工业化。

(4) 2015 年世界经济面临新的不确定性

一是通货紧缩压力。美元持续走强势必会继续打压全球大宗商品价格,欧美日等发达经济体面临通货紧缩压力,但这可能会在一定程度上延迟美联储货币政策收紧步伐。

二是金融风险扩散。虚拟经济异常繁荣,会再度提升市场风险,进而再次恶化主要新兴市场国家的金融形势。

三是政策对抗内耗。在经济政策分化之外,主要国家基于地缘政治问题、国家战略需求等,可能会产生广泛的政策对抗,制约全球经济复苏。

2. 国内经济面临结构性减速,改革和转型将夯实潜在增速

(1) 总体经济仍面临结构性减速

中国经济由于处在"增长速度换挡期、结构调整阵痛期、前期刺激政策消化期"三期叠加阶段,仍将面临结构性减速压力。

从外需看,全球经济复苏有所加快,但比预期要低。根据 IMF 预测,2015 年全球经济增长 3.8%,较此前预测有所下调,意味全球经济复苏仍难明显改善。在此背景下,中国出口增速有所提高,但在全球贸易经济再平衡下,中国顺差的拉动效应仍难以明显提高,出口对经济增长的拉动作用有限。

从内需看,消费缺乏增速明显加快的基础。2014 年 1～11 月,社会消费

品零售额同比增长 12%,增速分别比上年同期和上年全年回落 1 个和 1.1 个百分点,消费仍处于调整期。由于经济增速下降,居民收入增速也处于低位,2014 前三季度,全国农村居民人均现金收入实际增长 9.7%,城镇居民人均可支配收入实际增长 6.9%。

从投资看,当前及 2015 年的投资仍面临资金缺乏、产能过剩以及房地产调整等因素制约而面临增长乏力问题。"新常态"下,货币和信贷资金难以"大水漫灌",截至 2014 年 11 月末,货币增速仅为 12.3%,信贷增速只有 13%。制造业面临比较严重的产能过剩,2014 年 11 月制造业投资累计增速已经降至 13.5%,尤其是传统重化工业面临持续的调整压力。此外,2015 年上半年房地产投资仍难以明显回升,总体高库存也将在短期抑制房地产投资回升力度。

因此,在经济进入"新常态"的背景下,中国经济仍面临下行压力,2015 年经济仍将处于调整期。

(2) 改革与转型加剧,改革红利有望夯实中长期潜在增速

在中国经济仍面临下行压力下,中国需要促进内需平稳均衡发展。一方面要促进研发、高端制造业、现代服务业、生态环保、基础设施等领域投资,促进居民合理的住房刚性需求和改善型需求,同时加大基础社会保障投入,促进居民消费。这要求继续实施积极财政政策,继续实施定向放松,对基础设施投资、中小企业的扶持、社会保障性住房等加大扶持,在民生和内需领域实现增长。

另一方面,更期待改革释放动力,为中长期增长夯实基础。其中,推进户籍制度改革释放城镇化潜力、改革农村土地制度释放农业现代化潜力、落实金融体制改革释放资本潜力、改革投融资体制释放民间投资潜力。随着改革推进,政策红利将有望进一步释放,这将提高有助释放增长潜力和增长效率,夯实中长期潜在增速。

二、 2015 年上海主要经济指标增长趋势预测

改革开放以来,在制度红利、人口红利和开放红利的综合影响下,上海

经济实现持续快速增长,社会发展取得巨大成就。近年来,随着国内外环境和自身要素条件的深刻变化,原有支撑经济增长的动力已难以为继。伴随着总体经济增速换挡,上海经济步入新常态。

上海经济进入新常态发展过程中,经济增速处于由原来旧常态向新常态转变的过程当中,且没有完全过渡到新的阶段。因此,从近3年以来的经济运行特征看,呈现不断地减速、下行和寻找平台的过程。未来3～5年,GDP增速位于6.5%～7%之间将是合理区间。2015年,GDP增长预计增长6.5%以上。主要原因在于:一是经济体在经历一个时期高速增长后,必然会出现减速换挡,这符合发达国家经济体在经济转型期的客观规律。二是符合上海自身经济发展实际。从需求层面看,市场消费提振乏力,将维持平稳增长;投资在房地产市场调整的影响下,增速难有明显回升;出口形势受制于全球经济弱复苏,出口增长有限。从供给层面看,工业生产增幅预计仍将低速增长;房地产市场将迎来深度调整,金融业缺乏加快发展条件,第三产业总体仍将维持平稳增长。

1. 工业生产继续保持低速增长

2015年,面对依然严峻的内、外部环境,上海工业仍难走出转型升级的阵痛期。传统动力作用逐步减弱,新兴动力还处在培育和发展中。工业投资持续低迷,工业企业对外省市投资力度加大,电子、化工等行业企业外迁继续。预计2015年,上海工业增长仍将维持在低位运行。

从主要行业看,汽车制造业得益于上海汽车品牌的市场影响力和产品的高性能,整体竞争力进一步提高,但国内汽车市场趋于饱和,未来上海汽车制造业要继续保持高速增长面临严峻挑战,预计2015年上海汽车制造业将继续保持较快增长。石油化工及精细化工制造业发展仍有亮点,一批重点项目即将开工或投产,石油化工行业生产将有所提高。但受国际油价继续波动回落风险影响,2015年,石油化工及精细化工制造业行实现增长仍面临挑战。生物医药制造业所依赖的个别外资龙头企业,2015年生产扩张将受限,预计生物医药制造业虽仍将继续增长,但增速或将放缓。电子信息产品制造业发展环境未得到明显改善,增速或与 2014 年持平。成套设备制造业发展形势仍然严峻,船舶制造业整体仍处于缓慢复苏时期,市场需求有限;房地产建设相对低迷,对建筑类装备需求影响较大;电站国内需求市场基本饱和。2015 年,成套设备制造业要保持快速增长面临挑战。精品钢材制造业市场依然萧条。2014 年,钢材价格持续下滑,市场供求矛盾依然突出;未来,精品钢材制造业增长存在不确定性。

2. 固定资产投资保持小幅增长

2014 年以来,上海自贸试验区各项改革试点工作稳步推进,对上海固定资产投资发展在政策层面持续利好。从 2014 年上海固定资产投资意向调查的结果看,众多调查单位对 2015 年上海固定资产投资环境的预期稳中向好,其中认为 2015 年上海固定资产投资环境将延续 2014 年以来的良好趋势的调查单位占比达 72.9%,同比提高 4.1 个百分点。

2014 年,围绕产业结构优化升级、科技创新、社会民生、生态文明、城市交通基础设施和新型城镇化等重点投资领域,上海重大建设项目稳步推进,虹桥商务区和国际旅游度假区等重点区域建设和多条越江通道建设项目在 2015 年仍将处于投资工作量稳步释放阶段,全市建设项目 2015 年完成投资将基本维持 2014 年的规模。由于 2014 年底集中新开工项目的影响,上海房地产开发投资增幅明显回升,预计 2015 年仍将保持增长态势。根据 2014 年上海固定资产投资意向调查结果分析,2015 年上海固定资产投资增速的区间估计在增长 8% 至下降 4.8% 的范围内,中间估计值为增长 1.3%。综合上述分析判断,随着上海固定资产投资环境稳中向好,2015 年上海固定资产投资有望继续保持小幅增长的态势。

3. 消费市场总体呈现平稳增长态势

2015 年,上海消费市场受整体经济运行影响,仍然面临许多不利因素的挑战。但随着改革进一步深入,稳增长效应将不断显现,消费品市场仍将保持平稳增长。从有利因素看,国内稳增长政策环境影响将有助于扩大消费;城乡居民收入、商业固定资产投资等消费相关基础性指标出现好转,将进一步促进消费增长;传统零售企业加速转型升级,一定程度上有利于推动消费。从不利因素看,一是影响消费意愿因素较多,抑制居民即期消费。以食品为代表的生活必需品价格上涨压力较大、食品安全事件频发等因素将对扩大消费形成负面影响。二是网络购物快速发展,逐步改变人们的购物模式和消费行为,在一定程度上分流本地传统商业企业的销售。三是随着相关政策出台,2015 年汽车类消费增长或将趋缓,对消费市场拉动力减弱。四是奢侈品消费外流日趋严重,将进一步影响上海高端商品的销售增长。

4. 外贸进出口有望实现增长

在全球经济缓慢复苏和上海经济加快结构调整的背景下,预计 2015 年进出口保持平稳,整体上呈现规模稳中有升、结构优化调整的发展态势。从有利因素看,一是 2015 年,世界经济尽管存在较多不稳定因素,但发达经济体缓慢复苏势头明显,据 IMF 预测,欧元区经济增速从 2014 年的 0.8％提高至 1.3％,将有利于以欧美为主要贸易伙伴的上海外贸。二是上海自由贸易试验区运行、海陆丝绸之路经济带战略进入实施阶段,将直接或间接地为上海对外贸易创造新的增长空间。三是针对对外贸易、吸引外资、对外经济合作等方面,上海逐步加大工作力度,并出台了相关政策,一定程度上利好外贸发展。从不利因素看,一是新兴经济体受外部环境不利、自身经济结构调整的双重影响,面临艰巨的结构调整压力,将影响上海出口增长。二是地缘政治风险正成为影响全球经济复苏的重要因素,并干扰区域贸易投资形势,引起大宗商品价格波动,从而对国际贸易形成威胁。三是全球贸易保护主义回潮,贸易摩擦愈演愈烈,出口企业生存压力叠增。

5. 居民消费价格水平稳中略升

2015 年,影响物价走势的因素仍较复杂。从推升物价的因素看,一是国际、国内货币政策仍趋向宽松,2015 年在世界主要经济体货币政策仍较宽松的背景下,大宗商品价格或将呈现上涨格局,输入性通胀压力加大。国内定向降准等货币调控手段已经开始被应用,预计 2015 年国内货币政策仍将趋于适度宽松。二是稳增长的经济政策主基调不变,在铁路等基建投资规模增长的基础上,基础工业品价格必然上升,进而推动居民消费价格上升。从平抑物价因素看,一是我国农业生产保持良好势头,农产品供应总体趋于平稳,将在很大程度上抑制 2015 年食品市场价格的大幅上升。二是 2015 年,国内货币政策大范围放宽的可能性仍较小,货币供应引起的物价波动风险有限。三是我国部分工业消费品产能过剩、供大于求的局面仍然存在,仍处于去库存消费阶段,这在很大程度上对物价波动起到抑制作用。综合预判,预计 2015 年上海居民消费价格指数或高于 2014 年,但大幅上涨的可能性不大,全年 CPI 升幅有望在 3％左右。

三、 2015 年上海经济持续稳定增长的对策建议

在当前和今后一段时期,上海经济将在“新常态下”运行,这为如何把握经济形势和制定对策提供了新视角。以“稳增长、调结构、促改革、惠民生、防风险”为目标,结合当前上海经济运行中新特征和新问题,对下一阶段经济工作的几点建议。

1. 稳增长,巩固经济增长内生动力

从当前态势看,上海经济回升的基础依然不稳固,内在增长动力仍待加强。因此,还需采取有力措施,加快经济转型步伐,巩固经济回升势头,确保经济增速不滑出合理区间。具体为:一是面对传统产业加快转移、结构性矛盾凸显的严峻挑战,抓紧培育能级高、成长快的新兴产业和新兴业态,在优化产业结构的同时努力增强经济发展后劲,积极培育新的经济增长点。二是以重点区域和重大项目为抓手,采取切实有效措施加快推进建设步伐,推进项目早日建成见效,全力打造新的经济增长极,带动全市经济

持续稳定发展。

2. 调结构,增强行业核心竞争力

针对目前工业企业整体经济效益不佳、亏损面偏高的情况,还需积极采取有效措施,增强重点行业核心竞争力。需要对全市产业链进行梳理,对不同产业实施区别发展政策。一是在增加值中占比较高,对经济影响较大的行业。比如制造业中的汽车制造业、烟草制造业和通用设备制造业,服务业中的交通运输邮政和仓储业、金融业和房地产业等,应努力保持这些行业的平稳运行,防止造成经济大的波动,同时也要加快推进传统产业的转型发展和改造升级,努力向"微笑曲线"两端延伸,做好研究设计和品牌服务等高附加值领域的高端控制,占据价值链条的制高点。二是目前在增加值中占比还比较低,但符合未来产业发展趋势的行业。比如制造业中的专用设备制造业和医药制造业,服务业中的科学技术服务业和文化体育娱乐业等,强化落实国家和地方的产业发展政策,进一步加快行业发展推进力度,尽快形成新的经济增长支撑动力。

3. 惠民生,扩大居民消费需求

消费是民生领域一项重要内容,也是经济增长的持久动力。要着眼于提升消费对经济增长的贡献,应对市场销售增速下滑的局面,还需采取有效措施扩大居民消费需求。一是要努力做好稳定物价工作,确保基础生活资料的市场供应,控制好行政性价格调整的频率和节奏,在全国货币投放总量仍偏宽松的背景下,努力防止物价出现大的波动,尤其是防止与居民生活密切相关的商品或服务价格出现快速上涨。二是注意刺激消费政策的连续性,前期的一系列刺激消费政策达到了较好效果,后期在上海范围内可研究在特定商品范围和特定时期内实施新的优惠政策。三是继续严格执行商品质量和食品安全等方面的监管,打造良好的市场消费环境。

4. 促改革,深化落实各项改革

改革是未来上海经济发展的强大动力。未来一段时期,上海自贸试验区建设、科技创新中心建设、"四个中心"建设以及以行政审批制度、国资国企改革、收入分配制度改革为核心的各项改革将进一步深化,同时也将为上海经济带来新一轮改革红利。其中,科技创新中心建设是未来上海发展的战略重点。对此,要牢牢把握科技进步大方向、产业革命大趋势、集聚人才大举措,加快推进以科技创新为核心的全面创新,抢占全球科技竞争的制高点。一是加强科技前瞻布局,布局实施一批重大创新工程和科技重大专项。二是深化科技体制改革,打通科技强到产业强、经济强的通道。三是完善创新服务支撑体系,推进科技创新的信息化基础建设。四是大力培养集聚创新人才,落实国家和上海各类人才计划,充分发挥人力资源价值。

5. 防风险,确保房地产、金融市场稳定运行

针对房地产市场,一是要继续严格执行住房限购、限贷等调控政策,强化合理住房消费的引导和舆论的正确导向。同时,继续加强市场监管,查处违法违规行为,维护市场交易秩序。二是加强对商办等非居住用房的监管,建议在项目审批、售楼广告、签约交易等环节加强监管,出台相应措施,保障购房人权益。三是强调发挥市场配置资源的作用,要坚持分类调控,强调发挥市场在资源配置中的决定性作用,保持定力,不急于出台刺激政策,干扰市场机制发挥作用。在金融领域,要注意防范地方政府融资平台、产能过剩行业和房地产行业贷款信用违约风险。商业银行要加强对不良资产的处置,改进风险预防和控制体系,使不良资产和不良资产率控制在合理的水平。

分 报 告

综合篇

2014 年上海 R&D 投入评估与 2015 年预测

随着上海转型发展战略进一步深化,在自贸试验区建设加速、新型机构准入机制放宽等政策措施带动下,以服务经济为主导的产业结构调整加快。在工业企业研发投入保持增长的同时,服务业企业的研发经费支出也逐步加大。2014 年,上海 R&D 投入预计实现 831 亿元,R&D 投入强度达到 3.6%左右,正向着"建设具有全球影响力的科技创新中心"目标稳步迈进。

一、 2014 年上海 R&D 投入概况及分析

1. 2014 年上海 R&D 投入总体情况

2014 年,受经济增长趋势整体放缓等因素影响,上海在巩固上年度自主创新能级的基础上,R&D 投入增速也趋于平缓。经上海市科委、市教委和大型工业企业集团等研发重点投入部门单位的测算,2014 年上海全社会 R&D 投入预计实现 831 亿元,比上年增长 7%;R&D 投入强度预计为 3.6%左右,基本与上年度持平(见图 1)。

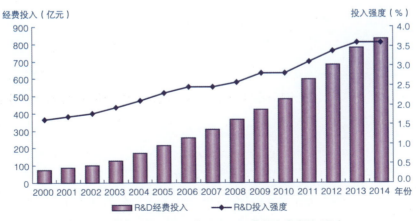

图 1　2000～2014 年上海 R&D 经费投入与投入强度

2. 2014 年上海 R&D 投入结构情况

从 R&D 活动执行机构看,在各级政府部门科技创新政策的大力支持下,"政府引导、企业主导"的创新发展路线得到进一步贯彻,2014 年上海企业的 R&D 投入总量继续加大。同时,随着上海承担国家重大科研计划项目的实施,科研机构与高等院校的 R&D 经费投入预计也均保持增长(见表1)。

表1　2014 年上海全社会 R&D 投入预测

机　　构	2014 年(亿元)	2013 年(亿元)	增长(%)
总　　计	831	776.78	7.0
＃科研机构	205	192.54	6.5
高等院校	80	71.50	11.9
企业	535	502.45	6.5
其他	11	10.29	6.9

(1) 传统工业企业研发相对减弱,战略性新兴产业启动重大项目

2014 年,企业 R&D 投入为 535 亿元,占上海全社会 R&D 投入总量的 64.4%,比重比上年下降 0.3 个百分点。分行业看,钢材、成套设备企业为代表的传统制造业企业受转型升级及市场需求减少等因素影响,R&D 投入增长速度放缓,基本与上年持平或略低于上年水平。以高端装备、新一代信息技术为代表的战略性新兴产业虽然体量较小,R&D 投入占全社会总量的两成左右,但保持较高的研发活跃度,陆续布局和启动了高分辨率 TFT-OLED 光刻机、AMOLED 离子注入机、高效能云主机系统等一批重大项目。

(2) 科研院所投入增速高于全社会平均水平,创新体制改革加速推进

科研院所是推动前沿技术研发攻关的主力军,"十二五"期间,科研院所 R&D 投入的年均增长率为 18.1%,高于全社会平均水平 3.5 个百分点,占全社会总量的比重较 2010 年提高 2.8 个百分点,达 24.7%。科研院所研发经费支出的增长源于政府资金的投入,近三年来上海科研院所 R&D 投入中的政府资金,占全部政府资金的比重均在六成以上。随着《关于进一步加快转制科研院所改革和发展的指导意见》的深入推进,新型科研院所改革试点工作将聚焦于科研院所的体制改革,拓展对行业共性技术的研究开发,以提升研发服务能力。预计 2014 年科研院所 R&D 投入为 205 亿元,比上年增长 6.5%。

(3) 高等院校依托大学科技园,研发市场化程度有效提升

作为对研发创新模式、项目筛选提供重要理论基础的机构部门,高等院校在研发中发挥着重要的后备支撑作用。2014 年,预计高等院校 R&D 投入将比上年增长 11.9%,达 80 亿元。目前,上海涌现出众多的大学科技园,将"创新"与"创业"相结合,鼓励大学生运用技术创新来开展自主创业。通过科技成果在校内研发产生,到大学周边孵化器孵化,再进入大学科技园实现产业化,这一"统筹规划、滚动发展、市场运作"的新模式,进一步提升"产学研合作"水平,有效孵化出与市场接轨的科技项目。

3. 上海 R&D 投入强度在国内外均达到先进水平

(1) 上海 R&D 投入强度稳居全国第二位

近八年来,上海 R&D 投入相当于 GDP 的比例,在全国 31 个省市中稳居第 2 位,且相比天津、江苏、浙江、山东等省市的优势不断扩大(见图 2)。自 2011 年起,上海成为继科研院所和高等院校云集的北京之后,第二个 R&D 投入强度超过 3% 并稳固在这一水平之上的地区。

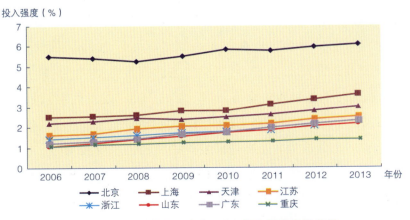

图 2 上海与国内主要省市 R&D 投入强度发展趋势

（2）上海 R&D 投入强度达到发达国家水平

在国际范围内，上海 R&D 投入强度已经相当于世界经济合作与发展组织（OECD）主要发达国家水平（见图3）。

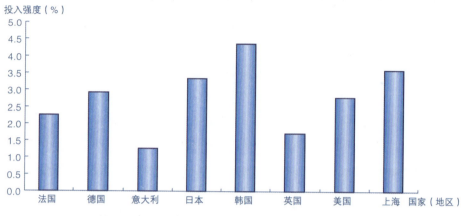

图3　上海与 OECD 主要发达国家 R&D 投入强度对比

注：上海使用 2013 年数据，OECD 成员国因资料来源于 Main Science and Technology Indicators 2012（经济合作与发展组织），使用 2012 年数据。

4. 上海 R&D 投入的行业特点分析

（1）生产性服务业成服务业企业研发投入增长点

2013 年，上海服务业产值实现 13 445.07 亿元，占全市 GDP 的 62.2％，比重比上年提升 1.8 个百分点。服务业的蓬勃发展吸引了多方资金，包括对其 R&D 活动的投入。全市交通运输、仓储和邮政业，信息传输、软件和信息技术，租赁和商务服务业，水利、环境和公共设施管理业，文化、体育和娱乐业这五大重点行业的服务业企业，2013 年的 R&D 投入达 52.14 亿元，是 2009 年第二次全国 R&D 资源清查的同口径服务业企业投入经费的 2.6 倍，年均增速达 26.5％，成为非工企业研发经费增长的主要推动力。从研发项目看，服务业 R&D 经费支出集中于研发芯片、智能存储设计、集成电路设计的信息传输、软件和信息技术服务业与以企业总部管理服务为代表的租赁和商务服务业，均属于为制造业提供服务的生产性服务领域。

(2) 大型工业企业 R&D 投入体量居主导地位

2013 年，上海规模以上工业企业的 R&D 投入为 404.78 亿元，占全社会 R&D 投入总量的 52%。作为全市工业企业科技研发的中坚力量，2013 年大中型工业企业共计投入 350.53 亿元、9.07 万人用于 R&D 活动，比上年分别增长 10.4%、8.4%。值得关注的是，上海 313 家大型工业企业中，有 R&D 活动的企业覆盖面为 54.3%，高于规模以上工业企业 37.3 个百分点，2013 年共计投入 265.02 亿元、5.67 万人开展 R&D 活动，比上年分别增长 13.4%、12.7%，两者增速均高于全社会 R&D 经费投入与活动人员总量增速 4 个百分点以上，分别占规模以上工业企业 R&D 投入总量的 65.5%、R&D 活动人员总数的 48.6%，引领全市工业企业自主创新活动发展。

(3) 六大重点行业企业研发经费投入呈分化发展

工业中的六大重点行业在全社会 R&D 活动中发挥着支柱作用。2013 年规模以上工业企业中，六大重点行业企业 R&D 投入为 338.62 亿元，比上年增长 10.3%，占全社会 R&D 投入总量的 43.6%。分行业看，因大众、通用、上汽等汽车集团整车研发项目的拉动，汽车制造业 R&D 投入达 109.64 亿元，取代成套设备制造业，成为 R&D 经费投入最高的重点行业。近三年来，汽车制造业、电子信息产品制造业与生物医药制造业的 R&D 投入保持稳步增长趋势（见图 4），其占六大重点发展工业企业研发经费总量的比重不

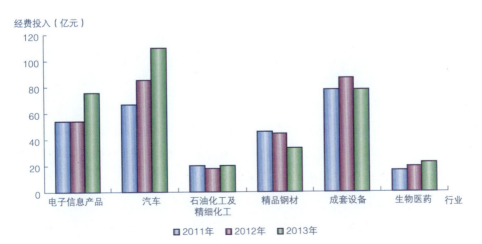

图 4　2011～2013 年上海规模以上工业企业重点发展行业 R&D 投入变动情况

断攀升,2013 年更是达到六成以上;受上海经济转型发展、关联行业结构调整等方面因素影响,成套设备制造业、精品钢材制造业目前处于"低增长、低效益、高压力"的困难期,自主创新活动相对减弱。

5. 目前上海科技研发中存在的主要问题

(1) 企业对技术的再创新能力有待提升

区别于直接引进、购买国内外技术,引进技术消化吸收是企业在对购买技术进行简单应用、复制基础上,开展的进一步创新,属于 R&D 活动的一部分。2013 年,上海规模以上工业企业用于引进技术的消化吸收经费支出为 22.12 亿元,比上年下降 17.8%。同期规模以上工业企业直接引进国外技术、购买国内技术的经费支出分别为 71.53 亿元、37.58 亿元,比上年分别增长 22.7%、32.8%。以上数据显示,技术再创新依然是上海企业的薄弱环节。随着科技发展步伐加速、技术创新周期的缩短,需进一步发挥技术引进消化吸收投资少、见效快的优势,以加快拉升企业技术水平,提高核心竞争力。

(2) 基础研究的行业覆盖面有待扩大

从研发活动类型看,R&D 活动中的基础研究和应用研究代表科学研究前沿,是技术创新源头的重要保障,而试验发展则与后续企业开发的新产品、新工艺的联系更为密切。2013 年上海规模以上工业企业 R&D 投入中,基础研究、应用研究与试验发展研究的经费投入与上年相比,呈现两升一降的特征。其中,试验发展活动的集中度继续提升,占规模以上工业企业总量的 99.8%,比上年提高 0.7 个百分点。基础研究虽然体量略有增加,但从其项目分布情况看,高度集中在食品制造业。同时,作为基础研究项目研发成果的重要形式,2013 年规模以上工业企业发表的科技论文数量由 3 212 篇减少至 3 094 篇,比上年下降 3.7%,可见基础项目研究开展的广度与深度有待进一步提升。

(3) 高技术产业研发成果转化有待加强

近三年来,高技术产业 R&D 投入增速均保持在 20% 以上。2013 年,高技术产业的 R&D 投入达 106.84 亿元,占全市规模以上工业企业 R&D 投入总量的 26.4%。虽然高技术产业的经费支出高速增长,但其研发成果有待更好地市场化。2013 年,高技术产业的新产品销售收入为 801.5 亿元,比上年增长 2.6%,低于全市规模以上工业企业增速 1.3 个百分点。其中,出口的新产品销售收入为 266.4 亿元,比上年下降 13.9%。现阶段高技术产业研发仍处于成长期,提升高技术产业研发成果市场化、增强研发产品与市场的契合度是实现高技术企业创新能力跨越式发展的突破口。

二、 2015 年上海 R&D 投入发展趋势判断

多年来,在上海市委、市政府的领导下,上海科技创新工作紧紧围绕"创新驱动、转型发展"的总体要求,提升科技创新效率、加快创新价值实现,以"抢占科技制高点、培育经济增长点、服务民生关注点"为目标,促进科技体制机制改革和创新体系构建,着力推动科技创新活动与经济社会发展紧密结合,打造良好的研发环境与创新平台。

1. 2015 年上海 R&D 投入总体趋势

2015 年是"十二五"规划的收官之年,上海在 2012 年 R&D 投入强度超过 3.3% 这一"十二五"规划设定的期末目标后,自主创新能力稳固发展,R&D 投入强度保持在 3.5% 以上。现阶段,我国经济进入平缓增长期,预计中高速增长将成为常态化。从近几年情况看,相对于国内大部分地区,在全国经济增长或放缓时,上海经济增速的提升或回调幅度一般都较为平缓,全市经济发展的稳定性正在持续增强。同时,根据 GDP 核算改革计划,R&D 经费支出将纳入 GDP 核算。上述因素都将对 2015 年上海的 R&D 投入强度带来综合性影响。

2. 上海科技创新发展的新方向

(1) 科技服务机构将推动创新模式拓展

1978 年以来,上海的三次产业结构经历了从"二三一"到"三二一"的格

局调整。2012年,第三产业比重超过60％的重要水平线,标志着上海进入了以服务经济为主的发展阶段,为创新活动提供服务的机构数量也不断增长。2014年上半年,生产性服务业方面,新设机构77 224家,占全市总量的68.6％;注册资金5 943.3亿元,占总量的92.3％。同期,制造业新设机构4 293家,仅占总量的3.7％,比重较上年同期下降0.9个百分点。生产性服务业已成为新设机构中的绝对主导力量,为产业升级提供有效保障服务,其中科技服务新设机构18 173家,占总量的23.5％,继商务服务、批发服务之后,位列第三(见图5)。10月28日,国务院出台的《关于加快科技服务业发展的若干意见》明确要求培育一批拥有知名品牌的科技服务机构和龙头企业,延展科技创新服务链,并提出到2020年科技服务业产业规模要达到8万亿元。在科技服务机构的发展推动下,以研发服务外包为代表的新型创新模式将进一步增加。

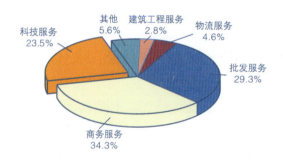

图5　2014年上半年上海生产性服务业新设机构情况

(2) 战略性新兴产业创新基地将成为有力支撑

近年来,上海国家创新基地集中向战略性新兴产业倾斜,为电子信息、生物医药等产业发展提供了有力支撑。2013年,上海新获批4家国家地方联合工程研究中心(工程实验室),分别是电子商务与电子支付国家工程实验室、移动互联网系统与应用安全国家工程实验室、信息安全等级保护关键技术国家工程实验室和治疗性疫苗国家工程实验室,涉及的都是战略性新兴产业领域。截至2013年底,上海共有国家工程实验室11家,国家工程研究中心18家。各创新基地围绕上海战略性新兴产业发展战略,重点聚焦战略性新兴产业竞争力领域,开展基础理论与方法研究,特别针对高端装备制造、新能源汽车、物联网等重点领域,开展竞争力评价与国内外对比研究,计划建成具有国内较大影响力、国际一定知名度的高水平专业化智库,打造战略性新兴产业竞争力评价指数专业研究机构,为政府制定战略性新兴产业发展战略及产业政策提供决策依据。

(3) 研发项目产业化对接成效将稳步扩大

新产品带来的经济效益是企业 R&D 投入回报的直接体现。2013 年,上海规模以上工业企业投入 528.26 亿元用于新产品开发,比上年增长9.1%,占全部科技活动经费内部支出的 84.5%;共实现新产品产值 6 811.02 亿元,比上年增长 2.4%;新产品产值率为 21.1%,比上年提升 0.2 个百分点。上海市新产品计划主动对接国家战略,开展技术创新、产品创新,促进产业结构的调整和经济发展方式的转变,培育拥有自主知识产权和国际先进水平的产业化项目,推进多行业应用的新产品研发。在节能环保产业领域,由上海轻工业研究所有限公司研制的 LR-CW 智能化环保型循环冷却水处理设备,广泛应用于化工、环保、制药及公共场所的冷却水处理。在新一代信息技术领域,由华平信息技术股份有限公司研制的 AVCON 应急指挥图像综合管理平台软件 V6.0,用于各行各业的精细化管控领域,有效提升行业生产和服务效率。在新材料领域,由上海化工研究院研制的 ANTI-610 无卤膨胀型玻纤增强聚丙烯阻燃剂,有助于解决含溴系阻燃剂相关产品出口受制约问题,对带动相关电子、电气、OA 等行业绿色产业链的形成作用显著。

三、 2015 年进一步优化上海 R&D 创新能力的对策建议

1. 扩大自身优势,打造高品质创新

现阶段,我国已形成创新实力不断提升的大格局。上海如何继续保持科技先行地位,提升自主创新能级是下一步科技发展面临的主要问题,也是能否落实好习近平总书记对上海提出的"牵住科技创新牛鼻子、走好科技创新先手棋"要求的关键。针对产业结构调整、经济发展转型时代的新形势,上海应充分利用自贸试验区建设等地区政策优惠,优化多元开放的创新环

境,扩大创新人才储备、科研高校资源、国际交流平台等自身要素优势,吸引更多创新资本的流入。进一步鼓励基础性研究,完善科研项目审批制度,从深层次转变科技创新模式,避免创新工作流于形式、提高其系统性、计划性,科技项目研发做到有的放矢、有始有终。

2. 借力外资机构,瞄准前瞻性创新

截至 2014 年 9 月底,在沪外资研发中心共有 378 家,其中世界 500 强有 120 多家,分别占全国的 1/4 和 1/3,上海正在成为全球科技创新浪潮中的一颗“螺丝钉”,具有成为全球科技创新中心的巨大潜力。一方面,各创新主体应发挥好外资研发机构的带动作用,更好地吸收和利用全球创新资源,打造科技研发产业链平台,立足于前沿领域和先进水平,把握科技创新的前瞻性与敏锐度,尤其在高科技研发方面发挥引领作用。另一方面,上海应重视本地企业的研发创新能力,优化创新要素配置结构,将科技创新成果真正运用到产业发展上,弥补技术开发的薄弱环节,突破发展瓶颈。

3. 拓展区域合作,加强协同化创新

协同创新是全球化背景下自主创新的发展趋势与必然要求,随着时代发展,协同创新的范围从“产学研合作”扩充至区域之间的协同、部门之间的协同、不同政策之间的协同、中央和地方之间的协同,甚至不同国家(或地区)之间的协同等多个层面。做好协同创新,有助于突破上海土地资源约束、缓解制造业外迁等问题,是上海抓住重大技术和产业变革为产业转型升级、经济持续增长带来的战略机遇的重要手段,具体而言:一是寻找科技创新研发领域的突破点,促进多个行业的专家、机构跨界合作,提高企业创新发展的先进性;二是加强与长三角周边地区的合作,围绕创新链、产业链和价值链整合资源,大力提升创新绩效;三是破解体制机制、政策、文化等方面存在的突出问题和障碍,进一步转变政府职能,从科技管理转向创新管理,通过激发研发主体的积极性,形成推动创新的强大合力,引领经济社会的长远发展。

2014 年上海国际航运中心
建设评估与 2015 年预测

2014 年，在全球航运市场整体低迷的大背景下，上海现代航运服务业实现平稳增长，港口生产转型升级，集疏运体系建设颇具成效，枢纽港地位提升，邮轮经济旺季延长，母港效应更加突出。同时，航运监管创新步伐加快，航运企业通过重视成本控制，调整运力结构，扭转了 2013 年的亏损局面，普遍实现营业收入增长。展望 2015 年，国际航运市场或将迎来曲折复苏，上海国际航运中心有望加快创新驱动和运输结构转型升级，用好上海自贸试验区政策红利，提高上海航运服务辐射能力，培育航运新型业态，开拓航运服务新思路。

一、 2014 年上海国际航运中心建设运行概况

1. 现代航运服务业实现平稳增长

2014 年，上海国际航运中心建设总体实现稳步增长。1～9 月，上海现代航运服务业营业收入 5 019.19 亿元，比上年同期增长 6.5％。在"微刺激，稳增长"的政策作用下，交通运输、仓储业发展形势良好，实现营业收入 4 069.75 亿元，增长 4.1％。随着上海金融改革的进一步深化，各主要金融机构对航运业的授信额快速增长，融资租赁业务蓬勃发展，航运保险业务范围不断扩张，内河船舶污染责任保险展开试点，包括保险在内的航运金融业服务水平得到显著提升。2014 年，航运金融业实现营业收入 417.62 亿元，增长 12.6％，高于航运服务业平均水平 6.1 个百分点。随着航运服务业转型升级，科技信息和人才保障进一步强化，航运科学研究和技术服务业实现营业收入 120.71 亿元，增长 30.8％，高于航运服务业平均水平 24.3 个百分点，成

为航运服务业增长的新亮点；作为现代航运服务业的重要物流环节，快递业
实现营业收入 114.12 亿元，增长 37.4%，增速居各行业之首（见表 1）。

表 1　2014 年 1～9 月上海现代航运服务业营业收入情况

类　　别	营业收入（亿元）	增长（%）	所占比重（%）
合　　计	5 019.19	6.5	100.0
交通运输、仓储	4 069.75	4.1	81.1
快递	128.39	37.4	2.6
金融	417.62	12.6	8.3
租赁和商业服务	276.55	15.5	5.5
科学研究和技术服务	120.71	30.8	2.4
教育业	6.17	5.4	0.1

2. 港口生产转型升级，集装箱吞吐量实现新突破

（1）集装箱吞吐量总量保持世界第一，月吞吐量突破 300 万 TEU

2014 年，上海港迎来历史性的发展机遇。作为上海自贸试验区的四大
组成部分之一，洋山港在原有功能的基础上推出了更多创新试点，船舶租赁
及保税船舶登记业务、成品油仓储及船用保税油供应等服务创新启动，国际
中转集拼业务、集装箱水水中转等增长点持续强劲带动。1～11 月，上海港
集装箱吞吐量 3 239.06 万 TEU，比上年同期增长 4.8%，总量继续保持世界
第一。自 4 月以来，上海港集装箱吞吐量实现"两个突破"：月吞吐量突破
300 万 TEU，日均吞吐量突破 10 万 TEU。不过，由于港口生产的转型以及
总量的相对饱和，集装箱吞吐量增长速度平稳趋缓，低于宁波-舟山港、青岛
及广州的增速（见表 2）。

（2）港口货物吞吐量小幅下降

受国内经济增长势头放缓和国际航运业复苏乏力的影响，港口货物吞
吐量略有下降。2014 年 1～11 月，上海港货物吞吐量 6.92 亿吨，比上年同
期下降 2.4%（见图 1）。下降的主要原因首先是煤炭运输市场需求收缩，运

表 2　2014 年 1～11 月全球主要港口集装箱吞吐量及增速

港　口	集装箱吞吐量(万 TEU)	同比增速(%)
上　海	3 239	4.8
新加坡	3 096	3.8
深　圳	2 190	2.9
香　港	2 043	0.7
宁波–舟山	1 798	12.0
釜　山	1 689	5.0
青　岛	1 524	6.0
广　州	1 503	6.5

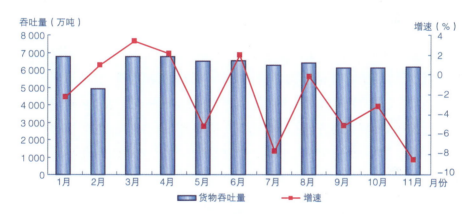

图 1　2014 年 1～11 月上海港口货物吞吐量及增速

价总体走势偏低,导致运量明显下降。其次,铁矿石与钢铁市场需求也较为疲弱,北方粮食运量下跌。分月份看,5 月受亚信峰会交通管制的影响,黄浦江内航道限航 10 天,钢材和矿建类产品运输所受影响较大。7～9 月没有出现上年同期的夏季高温,上海火力发电厂发电量下降,导致动力煤消耗量与运输需求乏力。

从货物吞吐量的结构来看,得益于进出口形势逐季好转,我国对主要贸易伙伴的双边贸易显著增长,使外贸货运需求得以提振,外贸货运实现增长。1～11 月,上海港外贸货物吞吐量 3.51 亿吨,比上年同期增长 1.8%。而内贸方面,由于国内经济结构的调整和转型升级,内贸货物吞吐量 3.41 亿吨,下降 6.4%。

3. 集疏运体系建设颇具成效,枢纽港地位提升

(1) 旅客发送量快速增长,多种运输方式齐头并进

2014 年随着上海航运服务业转型升级,现代集疏运体系快速发展,旅客运输以铁路为中坚力量,依托港口、航空为新兴增长点,多种运输方式齐头并进、优势互补,旅客发送实现较快增长。1～11 月,上海旅客发送量 1.59亿人次,比上年同期增长 8.7%。其中,铁路 2013 年 7 月以来开通的新线运行良好,调度管理顺畅有序,节假日旅游出行的热潮推动了客运需求上升,铁路旅客发送量实现 8 181.12 万人次,增长 12.7%。得益于邮轮旅游热潮的强劲带动,1～11 月,上海港口旅客发送量 85.71 万人次,增长 31.5%。公路客运量 3 480 万人次,小幅增长 0.8%。随着上海航空枢纽网络建设推进,航空资源整合,主要航空公司在上海增加了新的运力。新引进飞机的投入运营,浦东机场第四跑道的建成,虹桥机场航线网络的优化,基础设施建设的不断完善,共同促使了航空客运的快速发展,1～11 月,机场旅客发送量4 147.49 万人次,增长 8%。各种运输方式旅客发送量构成比例见图 2。

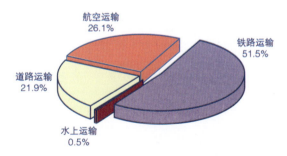

图 2　2014 年 1～11 月上海综合旅客发送量构成

(2) 货物运输总体平稳,航空货运物流集聚效应显著

2014 年上海货物运输总体平稳。1～11 月,完成货运量 8.28 亿吨,比上年同期下降 1.1%。其中,自《老旧运输船舶和单壳油轮提前报废更新实施方案》发布之后,在提高补助基准的政策利好带动下,航运业加速淘汰旧船,

以应对市场运力的过剩,完成水路货运量 4.26 亿吨,增长 0.1%;公路货运由于多、小、散的特点,市场集中度低,规模效应和抵抗风险能力较弱,同时又受实体经济增速放缓和固定资产投资规模收缩的影响,完成货运量 3.94 亿吨,下降 2.1%;铁路由于运费上调,使一部分企业选择其他运输方式作为替代,完成货运量 507.45 万吨,下降 20.3%;由于上海自贸试验区对物流的集聚效应带来了更多的航空货源,以及进出口贸易便利化特别是跨境电子商务的迅速发展对远程、快速、高效货运的需求快速增长,带来了航空运输需求的提升,航空货运一改往年低迷不振的态势,止跌转增,增速达到近年来的较高水平。1~11 月航空货邮吞吐量 327.74 万吨,增长 7.2%。

(3) 航运中转能力提升,集装箱国际中转比率提高,航空旅客中转吸引力增强

2014 年,上海航运中转能力得以提升,并进一步体现出"国际化"的特色。洋山港货物水路转运的双向通道逐渐扩大,除了道路运输之外,使用沿海、沿江内支线船舶实现进出港的货物量增多,水水中转量有所提升。1~11 月,上海港集装箱水水中转量为 1 476.2 万 TEU,比上年同期增长 5.1%。水水中转比率达 45.6%,比上年同期增长 0.2 个百分点。由于上海港大力发展国际集装箱货物的中转运输和二次集拼业务,港口枢纽功能得以提升。1~11 月集装箱国际中转量达 231.3 万 TEU,比上年同期增长 6.3%,国际中转比率为 7.1%,比上年同期提高 0.1 个百分点。

随着上海国际航运中心建设稳步推进,机场国际客流量不断上升,上海作为枢纽港的旅客中转吸引力显著增强。1~11 月,上海机场国际、港澳台航线旅客吞吐量增速分别为 10% 和 14.8%,高于机场旅客吞吐量 8% 的增速。从航线上看,虽然受马航 MH370 失踪事件及上海游客被绑架事件的影响,东南亚旅游降温,部分航班调整或取消,但居民出国游热整体未减,韩国航线一直大热,日本航线也有所升温。72 小时内过境免签等服务创新,使浦东、虹桥两大机场对外籍游客更具中转魅力。

4. 邮轮经济旺季提前,母港效应更加突出

2014 年,上海作为自由贸易区的"试验田",从监管层面为邮轮旅游提供

许多便利,包括 24 小时邮轮引航和联检,符合国际惯例的出入境手续和口岸管理,邮轮过境免签等。1～11 月,上海港邮轮靠泊 248 艘次,比上年同期增长 29.8%;邮轮旅客吞吐量为 115.25 万人次,增长 58.3%。由于吴淞港与北外滩国客中心两大码头资源的整合,相关配套景点的开发,邮轮旅客吞吐量一直保持较高速度增长,有效对冲了国际航运市场复苏乏力对上海港旅客运输的影响,成为上海港旅客运输的有生力量。分月份看,与以往春末夏初邮轮热不同,2014 年邮轮旅游从 3 月以来就进入客流高峰期,旺季周期提前。

上海邮轮经济的母港效应比上年更加突出。上海所独具的地理优势与旅游特色,较高的公共服务水平,便捷化的交通体系,酒店、商场、餐厅等基础设施齐备、布局合理,从业人员整体素质较高、服务行为规范等都吸引了全球各大邮轮公司在上海港开拓母港航线。1～11 月,以上海为母港的旅客吞吐量为 108.85 万人次,比上年同期增长 62.6%,在邮轮旅客吞吐量中的占比高达 94.4%,比上年同期提高 2.5 个百分点。各月邮轮旅客吞吐量与母港旅客吞吐量见图 3。

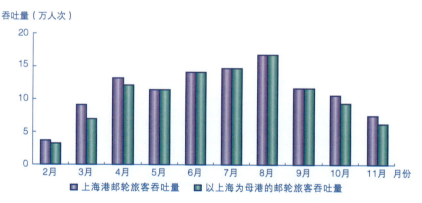

图 3　2014 年 1～11 月上海港邮轮旅客吞吐量与母港邮轮旅客吞吐量

值得一提的是,2014 年 10 月,上海邮轮电子商务平台"邮游通"成功搭建,不仅可以在线展示邮轮旅游线路,还可以在线为邮轮旅客确认仓位,下单出票。邮轮产业信息化程度的提高,推动了邮轮市场资源,特别是邮轮票务资源的有效整合,提升了邮轮行业服务水平。

5. 航运软实力有所增强，监管创新步伐加快

2014 年，上海国际航运中心软实力有所增强。为加快上海国际航运中心法制建设，根据国际法惯例专业地处理各类海事与海商纠纷，上海成立了首家海事司法鉴定机构，对船舶碰撞责任划分，海洋污染面积与位置判定，海上救助纠纷，共同海损的理算等进行专业鉴定。

航运金融与保险方面，1～9 月，在沪金融机构对航运相关企业各项贷款余额达到 3 905.76 亿元，比上年同期增长 1.4%。传统的船舶险和货运险得到了较快发展，新兴业务也在试点推出。1～9 月，航运相关直接保险保费收入 34.99 亿元，比上年同期增长 6.9%。航运相关保险金额 62 192.93 亿元，增长 8.9%。

监管方面，得益于上海自贸试验区创新试点，2014 年 8 月起，14 项海关监管创新制度得以陆续推广，"企业注册登记改革"、"推进海关'经认证的经营者'互认"、"企业协调员试点"、"企业信用信息公开"等制度得以实施，实现"企业准入单一窗口"办事模式，为航运企业拓展海外市场、融入国际规则提供了政策助力。上海海事局采取了船舶自动识别系统，通过技术手段有效监管船舶排污问题，对船舶水污染问题进行及时的预防和治理。

另外，随着上海航运软实力的提升与监管创新的步伐加快，区域性的航运集聚效应正在形成。除了虹口北外滩的航运服务总部基地，浦东也在着力打造洋泾国际航运创新试验区和上海航运金融产业基地。

6. 水运企业运力结构调整成效显著，营业利润明显回升

2014 年，在全球航运市场整体低迷的大背景下，上海水运企业通过重视成本控制，调整运力结构，加快老旧船舶报废与更新换代，扭转了 2013 年的亏损局面，普遍实现营业收入增长和经营效益提升。1～8 月实现营业收入791.9 亿元，同比增长 8.5%，营业利润 60.94 亿元，增长 2.9 倍。

二、 2015 年上海国际航运中心建设发展趋势判断

1. 国际航运市场或将迎来曲折复苏

过去几年,由于全球三大主力船型市场运力普遍过剩,市场供求矛盾突出,航运市场一直较为低迷,航运指数持续低位徘徊(见图 4)。

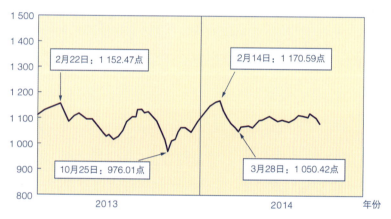

图 4 2013 年与 2014 年中国出口集装箱综合运价指数

2015 年航运市场复苏面临一些有利因素。虽然全球经济环境仍然较为复杂,但美国经济温和复苏,航运企业家信心增强。同时,船型结构调整初见成效,不能适应激烈的市场竞争的高成本、高油耗的旧船逐批被拆卸处理,大型和超大型船舶在市场竞争上的优势效应逐步显现,初步预计 2015 年航运市场运价与运量将有所提升。同时,航运业发展也面临一定的风险与不确定性,德鲁里航运咨询公司最新预计 2014 年全球将交付 115 万箱以上的超大型集装箱船和大量的 8 000～10 000 TEU 船舶,运力供应增速高达 5.7%,2015 年将加速至 6.7%。加上往年的富余运力,航运业能否在 2015 年实现复苏,主要取决于航运市场需求增速能否赶上或超过新增运力的增速,过剩的运力能否被市场消化等。

2. 航运市场微景气，航运企业信心有所提升

根据上海国际航运研究中心《中国航运景气报告》分析，2014 年 3 季度中国航运景气指数为 103.77 点，处于微景气区间。船舶运输企业今年首次进入景气区间，干散货运输企业恶化趋势有所放缓，集装箱运输企业境况持续向好。港口企业业务量大增，财务状况继续向好。预测 4 季度该指标在 103 点左右。随着旺季企业财务状况的改善，航运企业信心有所提振，3 季度中国航运信心指数为 95.58 点。得益于国家促进海运业发展的利好政策以及国际贸易量的逐步增长，预计 4 季度航运市场依旧会保持活力。据预测，2014 年 4 季度中国航运信心指数约为 97 点，虽然仍然处于微弱不景气区间，但较 2 季度、3 季度有所上升。预计 2015 年该指数还有上升空间，不排除进入景气区间的可能性（见图 5）。

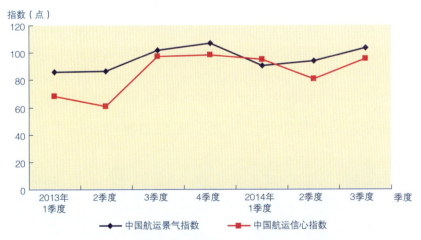

图 5　2013～2014 年季度中国航运景气指数和中国航运信心指数

3. 免征增值税的新政，有望促进航运业效益提升

此前"营改增"税制改革，将 3% 的营业税改为 11% 的增值税，部分航运企业除了面临因取消抵额征税而增加税负外，还可能面临上游企业转嫁各

自增加的税负而提高收费标准造成的成本上升。特别是国际货代企业，由于市场竞争激烈，该类企业议价能力较弱，成本再转嫁的可能性较小，行业效益受到较大影响。2014年9月1日起，根据《财政部、国家税务总局关于将铁路运输和邮政业纳入营业税改征增值税试点的通知》，从事国际货物运输代理服务的企业免征增值税。新政出台后，对该类企业成本控制将起到积极作用，有望在2015年推动行业效益提升。

4. 邮轮经济仍有巨大的市场潜力，有望持续增长

预计2015年邮轮经济仍是上海国际航运中心建设的亮点之一。据英国咨询公司OSC发布的报告，预计全球邮轮行业将在2025年前还有一波蓬勃发展的势头，邮轮乘客数量将从2015年的2 400万人次增长到2020年的2 970万人次，2025年全球邮轮乘客将达到3 640万人次，全球邮轮市场还有巨大潜力可以挖掘。在世界范围内，邮轮产业正在东移，而上海地理条件独特、公共服务水平较高，并且拥有全球最先进的码头设施条件，正是亚洲邮轮航线的圆心所在，有望在2013年、2014年高速发展的基础上，继续实现持续增长。

5. 海铁联运比重下降，"十二五"规划目标难以完成

《上海市加快国际航运中心建设"十二五"规划》中，提到"十二五"期末建成与国际枢纽港地位相匹配的现代集疏运体系，其中一项是"提高铁路集疏运比例"。但近年来，上海港铁路集疏运比率不增反降，从2011年的0.05％下降到2013年的0.01％，2014年上半年该指标低于0.01％。出现该情况的主要原因是港铁分离的现状，芦潮港铁路中心站距洋山港有42公里，货物下火车之后无法直接上船。除开铁路运输成本外，还存在两端的集卡短驳费用，运输成本较高，操作流程繁琐，海铁联运优势难以体现。预计2015年该状况仍不会有明显改善，"十二五"海铁联运规划目标难以完成。

6. 船舶防污制度化,绿色航运将成趋势

上海国际航运中心建设的趋势之一,是以环境友好推动可持续发展。据了解,《上海港防治船舶污染水域环境管理办法(修订草案)》将于 2015 年上半年施行,该办法将船舶所造成的大气污染以及噪声污染防治作为调整对象,重点解决船舶向大气排放的标准、推进船舶使用清洁的燃油等问题。在上海港水域内,将禁止船舶使用焚烧炉、从事驱气作业等行为,鼓励船舶使用低硫燃油、岸电等减排措施。这些举措,有望将上海市船舶污染防治方面的实践经验进一步制度化,推动绿色航运中心建设。

三、 2015 年促进上海国际航运中心建设的对策建议

1. 加快创新驱动和运输结构转型升级,优化市场结构,合理投放船舶运力

航运市场的运力过剩与供求矛盾,是影响航运业长期发展的根本问题。虽然上海航运企业利润有所回升,但仍需积极应对市场矛盾。要实现平稳较快可持续的发展,应加快创新驱动运输结构转型升级,从三方面进行优化调整:一是优化市场主体结构,既鼓励中小航运企业通过联合、联盟经营的方式形成规模效应,增强抗击市场风险能力,也鼓励大型航运企业"强强联合",进一步提升话语权与国际竞争力。二是优化业务构成,引导航运企业开拓高附加值新业务,延伸产业链,淘汰那些不具备竞争优势、长期亏损并且扭亏无望的业务。三是优化调整船型结构,增加拆解量,合理淘汰老旧船舶、单壳油轮。对于租用率低、燃油率高、维修成本高并已经成为航运企业沉重包袱的老旧船舶,应果断予以淘汰,代之以节能环保、经济高效的船舶。

2. 持续推进"长江战略",提高上海航运服务辐射能力,在"三大航运中心"中发挥积极作用

根据《国务院关于依托黄金水道推动长江经济带发展的指导意见》,目前全国已确定沪鄂渝三大航运中心。武汉正进行长江中游内河航道建设和资源整合,重庆着力打造长江上游现代化港口群,而国际化则是上海国际航运中心的最大特色,资本、信息、技术是上海的优势。建议上海用好长江"黄金水道",稳步持久推动长江内河转运,大力发展江海直达业务,完善穿梭驳船运输服务,通过水深优势、航线密度辐射沿江港口和中上游腹地,与新丝绸之路经济带建设、中西部发展形成有效联动和纵深合作,并通过服务示范效应带动武汉、重庆的航运中心建设。

3. 完善港口服务体系,延伸港口服务范围,大力建设绿色港口

上海国际航运中心建设的推进,对港口服务水平提出了更高要求,港口升级势在必行。据一些大型水运企业反映,影响其经营发展的主要因素除了运价、箱量外,很重要的一点就是港口服务。建议优化港口运输系统,延伸港口服务范围,加快港口现代物流体系建设,将港口的服务链条拉长,拓展装卸搬运、仓储、信息服务和平台服务功能,通过高效率的中转服务和多式联运与物流园区、保税区、内河航道进行优势对接。同时,建议鼓励港口清洁能源的使用,实施并推广码头船舶岸电设施工程,建设环境友好的绿色港口。

4. 用好政策红利,进一步简化行政审批,培育航运新型业态

上海自贸试验区的政策红利正逐步显现,口岸无纸便利化、海关单一窗口新模式、国际船舶管理业务后置审批等,都为上海国际航运中心建设培育新型业态与增长点提供了良好的监管环境。建议进一步简化行政审批,对

码头建设、无船承运人、国际海上运输业务、海运辅助业务、港口理货的资质审批等进行进一步的探索。同时，将已有的政策红利用好，大力推动船舶租赁及保税船舶登记业务、成品油仓储及船用保税油供应、航空货运托管、船舶融资、航运指数衍生品交易等服务的成长。

5. 把握大数据时代的机遇，以信息为纽带促进航运资源整合，开拓航运电子商务新思路

上海国际航运中心建设已进入大数据时代，务必抓牢信息化的历史机遇。在监管层面，建议大力推广海关等监管部门"放行信息电子化"管理经验，取消纸质作业环节，推动"港航物联网"的搭建与运转。在行业层面，建议全面搭建电子商务运营平台，实现运输、仓储、货代各环节可在线生成订单，即时付款和签订合同并确认仓位。在企业经营层面，目前中海集团等大型航运企业旗下的科技公司在着力构建全球领先的电子商务综合物流信息服务平台，建议有条件的航运企业着力提升网络技术水平，积极应对交易安全与信用风险等瓶颈，开拓航运电子商务的新领域，从而提高效率、降低管理成本，利用大数据进行航运信息化创新。

2014 年上海先行指数评估与 2015 年预测

2014 年,全球经济稳定在弱复苏轨道上,不确定因素依然存在;全国经济运行于合理区间,但下行压力犹存。面对国内外复杂多变的格局,上海经济稳中趋缓。其中,制造业采购经理指数(PMI)呈现前期先抑后扬、后期徘徊下行的走势,显示出制造业动能有待增强;消费者信心指数则基本呈现平稳上行趋势,反映出消费市场稳定向好。

一、 2014 年上海制造业采购经理指数(PMI)情况

2014 年,全球制造业复苏态势明显。国际方面,美国经济增速进一步加快,成为引领世界经济复苏的主要力量;欧元区制造业虽维持复苏态势,但指数在扩张区内有所下行。国内方面,在短期经济承压的背景下,货币政策与财政政策的刺激力度也有所强化,随着一系列政策的落实,总需求在年底前或将略有改善,但持续走弱的通胀与产能利用显示有效需求依旧疲软,经济仍需进一步调整。因此,在国内外政策与市场叠加影响下,数据显示经济下行压力仍然存在,上海制造业整体呈现前期"先抑后扬"、后期"徘徊下行"等迹象。

1. 2014 年上海 PMI 走势

2014 年,上海制造业采购经理指数震荡徘徊于荣枯线上下,年度均值50,低于 2013 年0.7点。从全年来看,1月、3月、4月、6月和7月在扩张区运行,其余月份则位于临界值下方;与 2012 年、2013 年相比,4月、5月处于近三年同期底部,而1月、6月和7月则位于近三年同期最高值(见图 1)。

图1　2012～2014 年各月上海制造业采购经理指数(PMI)走势

从全年走势看,1 月,PMI 指数延续 2013 年企稳回升的态势,维持在扩张区。2 月,受春节因素影响跌破临界值。3～4 月,受节后集中开工等因素推动,指数有所回升,但仍呈现"旺季不旺"的特征,略低于历史同期水平。5 月,PMI 指数跌至 2014 年以来的阶段性底部后,受进出口形势上升影响,指数在 6 月、7 月有所反弹,制造业在经历了几个月增速放缓后显露反转端倪,但支撑指数回升的动力不足,受夏季进入生产淡季等因素的影响,指数有所回落,8～11 月持续在收缩区徘徊,制造业经济下行压力加大。同时,反映经济增长状况的一些硬指标如工业增加值和总产值增速持续放缓,PPI 低位运行,出口形势不容乐观,用电量转升为降,货运量等指标也呈现增速回落的趋势。

2. 上海 PMI 分项指数特征

(1) 企业订单旺季不旺,市场需求略显不足

2014 年,企业订单不甚乐观,4 月、5 月、8 月、9 月、11 月新订单指数均徘徊于收缩区,全年均值低于 2013 年 2 点,市场需求明显不足。1～5 月指数一路下行,春节过后指数值及其升幅均低于历年同期,呈现"旺季不旺"的特点,直至 6 月才一举跃升至年内最高点,7～9 月受季节性因素影响继续回落,10 月小幅反弹,重回临界值上方,市场需求继续保持扩张,但增速明显放缓,11 月再次跌至荣枯线下方。而积压订单指数全年均在收缩区运行,年度

平均指数仅为45.9,反映制造业企业尚未完成的订单有减无增,需求增长动力不足的同时产能尚未发挥出最大效应。外需方面,新出口订单指数在春节后逐步回升,5月和6月重新站上扩张区。3季度,各月指数分别为48.6、50.9和48.1,均值比2季度下降1点,跌至临界值下方,出口形势不容乐观。进口指数除春节期间有所下滑外,上半年基本处于扩张区,显示进口形势有所好转,但受欧元区制造业经济增速持续放缓的影响,7月指数跌至46.1,并连续数月维持收缩状态,显示企业对进口产品的需求持续走低。尽管国务院已出台一系列稳外贸政策,但由于多项政策细则尚未出台,企业接单尚存担忧,进出口市场存在不稳定因素,未来进出口形势是否好转还需进一步观察。

(2)企业生产增速放缓,库存消化仍将继续

2014年,企业生产经营状况总体表现平稳但增幅有所收窄。1季度,生产指数各月分别为54.7、46.1和52.8,较2013年下半年以来的波动幅度有所增大,震荡明显。受春节因素的影响,大批制造业企业提前释放生产压力,2月指数比1月下降8.6点;3月,指数再度回升至扩张区,虽然春节期间企业生产明显放缓,但节后企业积极开工,生产恢复迅速。2季度、3季度指数继续在扩张区运行,但后续扩张动力不足,11月回落至49.5。全年最高值出现在1月,全年均值为51.2,比2013年下降1.4点,显示企业生产明显放缓。与生产活动密切相关的采购量指数仅2月、8月、10月和11月处于收缩区,其余各月均位于临界值上方,5月指数(56.5)升至近三年来最高点。除去春节因素影响,上半年整体呈现积极向好态势,但在生产与需求增速双双放缓的影响下,3季度指数均值降幅较大,比2季度下降4点至50.5,11月降至年内最低点(48.4)。从两大库存水平看,原材料库存指数除1月、2月与4月外,均位于临界值下方,产成品库存指数自2013年3月以来,仅2014年6月位于扩张区,显示企业去库存进程仍在继续。

(3)企业信心有所回落,市场预期谨慎乐观

2014年,虽然国内外经济形势复杂多变,但随着市场环境的逐步向好以及对政府出台相关政策提振经济的信心,企业对未来经济发展总体呈现谨慎乐观的态度。从上海采购经理对未来3个月的预期指数看,2月该指数站

上 62.5 点,3 月达到年内最高值 66.1,随后连续 3 个月出现回落,降至 54。7 月、8 月走势持续反弹,分别为 54.2 和 56.4,9 月小幅下降至 54,10 月继续下降至 52.6,11 月下滑至临界值下方,全年企业信心有所波动,下半年更是一路下滑。值得关注的是,3 季度指数虽仍位于扩张区,但连续回落意味着企业对市场持谨慎乐观的态度。购进价格指数 1 季度在收缩区内逐月回落,4 月升至 50.8,之后连续 3 个月运行于扩张区,7 月升至年内最高点 51.6 后,逐月回落,10 月指数跌至年内最低点,为 44.8,11 月上升 0.3 点至 45.1。从国际相关指标看,全球期货价格指数 CRB 在 6 月跌破 312.93 的高位之后,一路下滑,11 月末跌至 254.37。从国内相关指标看,全国工业生产者出厂价格 1～8 月同比下降 0.9%,国内部分工业生产领域产能过剩,抑制了工业品价格的上行。

3. 全球 PMI 走势及上海出口指数分析

2014 年,全球经济呈现复苏态势,欧元区经济触底反弹后在扩张区内一路下行,美国制造业经济节节攀升,新兴市场国家发展后续动力不足。1～11 月,全球制造业 PMI 均位于临界值上方附近,部分受欧债危机冲击的国家制造业 PMI 纷纷创近三年来的最高水平,显示全球制造业经济总体进入一个更加稳定的增长时期。11 月,全球制造业采购经理指数(PMI)为 51.8,已连续 24 个月保持在扩张区。美国制造业连续数月强势反弹,并于 8 月和 10 月两度升至 59,创下 2011 年 6 月以来新高。从欧元区看,上半年一扫欧债危机阴霾,经济呈现复苏迹象,下半年增速不断放缓,但亦保持住 17 个月扩张态势。日本制造业"高开低走",1 月为 56.6,领跑世界经济,之后逐月下降,4 月一度跌破临界值,6 月起重回扩张区。数据表明,主要发达经济体的经济增速将仍是引领世界经济复苏的主要力量(见图 2)。

2014 年 5 月,上海新出口订单指数在连续 4 个月位于收缩区后,首月站上扩张区,5 月、6 月指数分别为 50.2 和 51.4,随后在 7 月下滑至收缩区后,8 月(50.9)重回扩张区,9 月(48.1)、10 月(49.6)、11 月(48.6)再次跌入收缩区。11 月,进口指数为 47.8,比上月下降 0.6 点,连续第 5 个月位于收缩区。

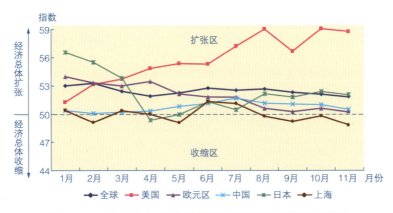

图 2　2014 年上海与全球主要经济体制造业采购经理指数

此外,上海出口集装箱指数(SCFI)在 3 季度逐月下降,波罗的海干散货运价指数(BDI)在 7 月、8 月跌至近一年以来的低位,与 PMI 进出口相关指数走势相吻合。11 月数据显示,全球编制制造业采购经理指数的 28 个国家中,有 20 个国家指数位于临界值上方,比 2013 年同期减少 1 个,显示 2014 年以来全球制造业经济回暖,但综观全年,年底利好形势不如年初,未来走势尚有待观望(见表 1)。

表 1　2014 年 1～11 月全球主要国家制造业采购经理指数

序号	国家	权重(%)	1月	2月	3月	4月	5月	6月	7月	8月	9月	10月	11月
1	美 国	28.1	☆	☆	☆	☆	☆	☆	☆	☆	☆	☆	☆
2	日 本	12.1	☆	☆	☆	×	×	☆	☆	☆	☆	☆	☆
3	中 国	7.9	☆	☆	☆	☆	☆	☆	☆	☆	☆	☆	☆
4	德 国	5.0	☆	☆	☆	☆	☆	☆	☆	☆	☆	×	×
5	英 国	4.1	☆	☆	☆	☆	☆	☆	☆	☆	☆	☆	☆
6	法 国	3.6	×	×	☆	☆	×	×	×	×	×	☆	×
7	意大利	2.7	☆	☆	☆	☆	☆	☆	☆	☆	☆	☆	☆
8	印 度	2.3	☆	☆	☆	☆	☆	☆	☆	☆	☆	☆	☆
9	巴 西	2.2	☆	☆	☆	×	☆	×	×	×	☆	×	×
10	加拿大	2.1	☆	☆	☆	☆	☆	☆	☆	☆	☆	☆	☆

续表

序号	国 家	权重(%)	1月	2月	3月	4月	5月	6月	7月	8月	9月	10月	11月
11	韩 国	1.9	☆	×	☆	☆	×	×	×	☆	×	×	×
12	西班牙	1.7	☆	☆	☆	☆	☆	☆	☆	☆	☆	☆	☆
13	澳大利亚	1.3	×	☆	☆	☆	☆	☆	☆	×	×	×	☆
14	荷 兰	1.1	☆	☆	☆	☆	☆	☆	☆	☆	☆	☆	☆
15	俄罗斯	1.0	×	☆	☆	☆	☆	☆	☆	☆	☆	☆	☆
16	土耳其	0.9	☆	☆	☆	☆	☆	☆	☆	☆	☆	☆	☆
17	瑞 士	0.7	☆	☆	☆	☆	☆	☆	☆	☆	☆	☆	☆
18	波 兰	0.6	☆	☆	☆	☆	☆	☆	×	☆	×	☆	☆
19	奥地利	0.5	☆	☆	☆	☆	☆	☆	☆	☆	☆	☆	☆
20	南 非	0.5	☆	☆	☆	×	☆	☆	☆	☆	☆	☆	☆
21	丹 麦	0.4	☆	☆	☆	☆	☆	☆	☆	×	☆	☆	☆
22	以色列	0.4	☆	☆	×	☆	☆	☆	☆	☆	☆	☆	×
23	新加坡	0.4	☆	☆	☆	☆	☆	☆	☆	☆	☆	☆	☆
24	希 腊	0.4	☆	☆	×	☆	☆	☆	☆	☆	☆	×	×
25	爱尔兰	0.3	☆	☆	☆	☆	☆	☆	☆	☆	☆	☆	☆
26	捷 克	0.2	☆	☆	☆	☆	☆	☆	☆	☆	☆	☆	☆
27	新西兰	0.2	☆	☆	☆	☆	☆	☆	☆	☆	☆	☆	☆
28	匈牙利	0.1	☆	☆	☆	☆	☆	☆	☆	☆	☆	☆	☆
位于临界值上方国家合计			24	24	25	23	21	19	20	21	19	20	20
位于临界值下方国家合计			4	4	3	5	7	9	8	7	9	8	8

注:"☆"为制造业 PMI 在临界值 50 及以上,"×"为临界值以下,国家与地区的权重由世界银行发布。

二、 2014 年上海消费者信心指数高位运行

消费者信心指数是对消费者信心及其变动的一种测度。上海市消费者信心指数是根据消费者对整体经济、就业形势、家庭收入、生活质量、购买耐用商品时机等五方面的当前状况及未来趋势的判断和预期,经量化计算而编制。通过年度历史数据看,2014 年上海消费者信心指数达到 115,为 2009年以来的最高水平(见图 3)。总体来看,2014 年上海消费者信心指数呈现平稳上行的态势。

图 3 2009 年以来上海消费者信心指数走势

1. 2014 年上海消费者信心指数总体走势

2014 年 1～4 季度,上海消费者信心指数分别为 114.2、114.8、114.8 和116.3,呈"稳中有升"的运行态势。国内及上海经济平稳运行以及居民消费价格同比持续温和上涨为消费者信心的稳步运行创造了良好的宏观背景。1 季度,在上海居民收入稳步增长以及季节性因素影响下,消费者信心指数比 2013 年 4 季度上升 3.9 点。2 季度,欧美经济逐步复苏为上海消费者信心注入新的动力,消费者信心指数比 1 季度上升 0.6 点。3 季度,尽管上海消费者对收入持续增长预期有所减弱,但耐用消费品购买时机信心稳步增强,消费者信心指数与 2 季度持平。4 季度,主要受消费者对耐用商品购买时机

和就业形势信心增强的影响，上海消费者信心指数为 116.3，比 3 季度上升 1.5 点（见图 4）。

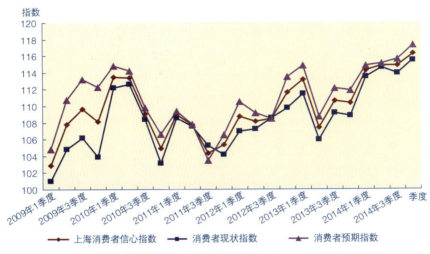

图 4　2009 年 1 季度以来上海消费者信心指数走势

2. 消费者对整体经济信心高位小幅上行

2014 年 1～4 季度，上海消费者整体经济信心指数分别为 123.3、123.5、124.5 和 125.4，呈高位小幅上行态势。1 季度，上海经济形势好于预期，工业开局平稳，商品销售总额同比增速超过上年同期，实现两位数增长。此外，上海自贸试验区一系列金融创新细则落地及后续相关政策的出台有望为上海经济注入新的推动力。2 季度，欧美经济逐步重回复苏正轨，并有望继续引领全球市场经济回暖，国内以及上海宏观经济平稳发展，其中上海工业生产总值增速稳定，3～5 月社会消费品零售总额和出口总额均逐月攀升，助力上海整体经济信心指数维持高位运行。3 季度，上海经济产业升级持续推进，结构调整日益深化、创新转型呈现向好迹象，上海自贸试验区各项改革成果逐步显露，加之市场流动性保持宽松，沪深股市连创新高，推动上海消费者整体经济信心继续走高。4 季度，在国内和上海经济平稳运行的"新常态"下，1～11 月上海经济运行中商品销售总额、社会消费品零售总额及外资进出口总额等指标同比增长，且增速均快于去年同期水平（见图 5）。

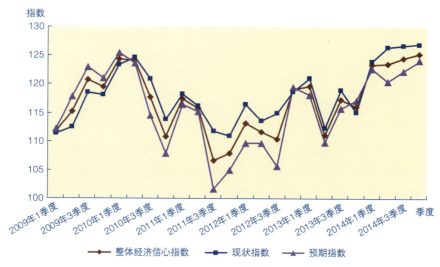

图 5　2009 年 1 季度以来上海消费者整体经济信心指数走势

3. 消费者对就业形势信心稳中趋升

2014 年 1～4 季度,上海就业形势整体平稳发展,消费者就业形势信心指数为 110.1、110.7、110.9 和 113.5,呈稳中趋升态势。1 季度主要受春节假期因素消退的影响,建筑业、制造业等企业恢复生产,用工需求释放,消费者就业形势信心比 2013 年 4 季度上升 3.3 点;此外,近年来上海将保障劳动就业作为市重点民生工作持续推进,加大就业培训力度,鼓励创业带动就业。不断提高就业率和就业质量。截至 11 月底,全市城镇登记失业人数 24.84 万人,比年初减少 1.53 万人。市政府已帮助 10 958 人创业成功,完成年初计划的 109.6%(见图 6)。

4. 消费者对家庭收入增长信心前高后低

2014 年 1～4 季度,上海消费者家庭收入信心分别为 116.2、117.5、114.9 和 115.3,呈"前高后低"态势。1 季度,受上海各企业和单位集中发放第 13 个月职工工资、各类年终奖金且继续上调城镇企业退休人员基本养老金等因素影响,上海消费者家庭收入信心比 2013 年 4 季度上升 4.2 点。2 季度,

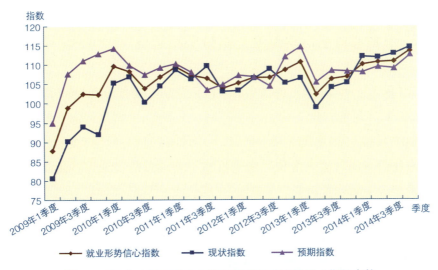

图6　2009 年 1 季度以来上海消费者就业形势信心指数走势

受 4 月 1 日上海上调最低工资标准、适当提高公益性岗位从业人员月收入标准、部分劳务型服务行业（家政、车辆维修等）收入逐步提高以及工资"刚性"特征等多因素的综合影响,上海消费者家庭收入信心指数继续攀升。3 季度,在上半年一系列增收效应之后,上海消费者收入状况保持平稳,消费者对家庭收入的持续增长信心较前两个季度出现回落。4 季度,股指走高促使消费者投资意愿增强,也在一定程度上支撑消费者对家庭收入信心小幅波动上行(见图 7)。

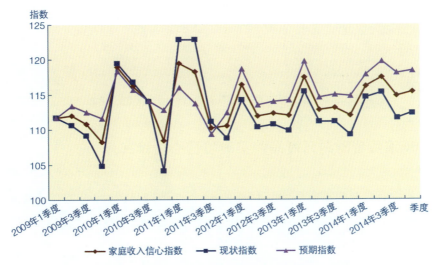

图7　2009 年 1 季度以来上海消费者家庭收入信心指数走势

5. 消费者对生活质量信心高位平稳运行

2014 年 1～4 季度，上海消费者生活质量信心指数分别为 119.5、120.8、119.2 和 119.3，高位平稳运行，小幅波动。上半年，上海居民消费价格（CPI）同比继续温和上涨，上海工业生产者出厂价格（PPI）同比持续低位运行，消费者对物价水平的接受度和对未来价格平稳运行的预期逐步走强，进一步提振消费者生活质量信心。3 季度，在居住类和食品类价格上升的带动下，上海居民消费价格（CPI）同比上升 2.8％，升幅比 2 季度（2.6％）略有扩大；上海工业生产者出厂价格（PPI）同比下降 0.3％，降幅比 2 季度收窄 0.5 个百分点，受此影响，3 季度上海消费者生活质量信心指数小幅波动下行（见图 8）。

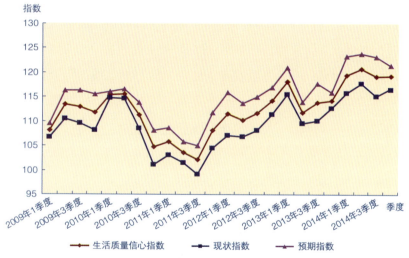

图 8　2009 年 1 季度以来上海消费者生活质量信心指数走势

6. 消费者对耐用商品购买时机信心企稳回升

上海消费者耐用商品购买信心指数由大件商品、住房及家用汽车购买时机信心指数等三项指标构成。2014 年 1～4 季度，上海消费者耐用商品购买时机信心指数分别为 101.7、101.7、104.5 和 108.4，企稳回升。1 季度，上海房地产市场观望气氛浓厚，消费者住房购买时机信心下滑，拖累消费者耐用商品购买时机信心指数下行。2 季度,耐用商品消费市场稳中趋缓,消费者耐用商品购买时机信心指数与 1 季度持平。3 季度,随着市场对楼市政策松动预期不断增强,以及家用汽车购置需求逐步释放,消费者耐用商品购买时机信心企稳回升。4 季度,受大件商品消费需求增多以及上海房地产市场销售回暖的影响,消费者耐用商品购买时机信心比 3 季度上升 3.9 点(见图 9)。

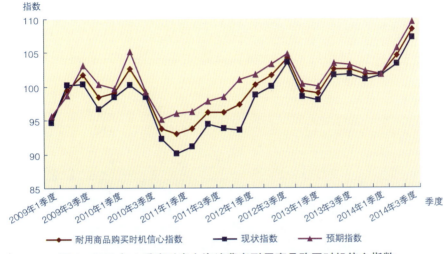

图 9　2009 年 1 季度以来上海消费者耐用商品购买时机信心指数

从大件商品购买时机信心看,1～4 季度,上海家电、电脑、通信器材等大件商品消费市场整体运行平稳,消费者大件商品购买时机信心指数分别为

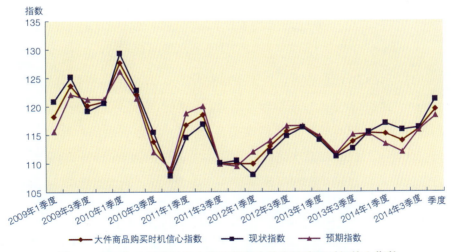

图 10　2009 年 4 季度以来上海消费者大件商品购买时机信心指数

115.1、113.9、116 和 119.6,呈前降后升态势。其中 4 季度,受部分新款电子产品上市、十一国庆、"双 11"以及年度消费释放等多因素综合影响,大件商品购买时机信心指数比 3 季度上升 3.6 点(见图 10)。

从家用汽车购买时机信心看,1～4 季度家用汽车购买时机信心指数分别为 105.6、104.9、108.1 和 109。2014 年以来,上海实行车牌"限价"拍卖新政,拍卖市场出现价格平稳、中标率下降明显的新特点,这在一定程度上影响和抑制消费者的购车需求和欲望;进入 3 季度后,上半年抑制和积压的需求出现一定释放,家用汽车购车时机信心较上半年出现回升(见图 11)。

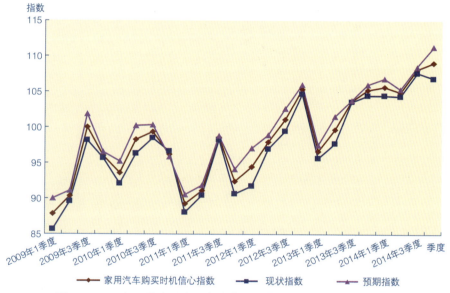

图 11　2009 年 1 季度以来上海消费者家用汽车购买时机信心指数

从住房购买时机信心看,1～4 季度住房购买时机信心指数分别为 71、73.9、78.1 和 85.3,呈低位逐季攀升态势。1 季度,主要受上海房价较高且涨幅趋缓,杭州、常州等城市部分新推楼盘价格松动,银行取消首套房优惠利率、放款时间的延长,二套房使用商业贷款的首付比例上调削弱购房者支付能力以及非户籍居民在沪购房政策进一步收紧①等不利因素影响,上海房地

①　2013 年 11 月 8 日公布的"沪七条"规定,上海居民家庭向商业银行贷款购买第二套住房的,其首付款比例从不得低于 60%提高至不得低于 70%及以上。非户籍居民购房缴税或社保年限从"前 2 年内累计缴纳满 1 年"调整为"前 3 年内累计缴纳满 2 年"。

产市场观望气氛浓厚,购房信心跌至 2011 年 4 季度以来的最低点。2 季度,上海郊区(县)①房源以小户型、低总价、送装修及打折促销等特点,对有购置婚房、改善住房条件等刚性需求的购房者产生一定吸引力,郊区(县)消费者购房时机信心指数比 1 季度上升 5.8 点,是拉动上海消费者购房时机信心指数低位回升的主因。3 季度国内仅北京、上海、广州、深圳、珠海、三亚 6 个城市未取消限购政策,房贷政策出现松动迹象以及 8 月上海新建住房和二手住宅环比价格降幅均比上月收窄,受这些利好因素影响,消费者对购房时机的信心逐步回暖企稳。4 季度,在 9 月 30 日"央四条"新政、上海普通住房标准调整、央行降息以及公积金新政等多重政策利好推动下,消费者购买预期有所改变,市场成交增多,销售出现回暖,消费者购房时机信心比 3 季度上升 7.2 点(见图 12)。

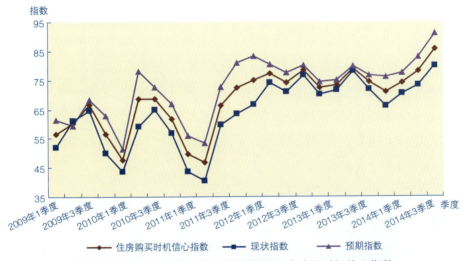

图 12　2009 年 1 季度以来上海消费者住房购买时机信心指数

三、 2015 年上海先行指数走势初步判断

1. 制造业 PMI 走势判断

2015 年,上海制造业 PMI 下行风险不容忽视。2014 年美国等国家制造

---

① 中心区域为:静安区、黄浦区、徐汇区、长宁区、虹口区、杨浦区、普陀区、闸北区以及浦东新区。郊区(县)为:闵行区、宝山区、嘉定区、青浦区、松江区、金山区、奉贤区、崇明县。

业PMI均创新高,后期增速可能有所回调。虽法国制造业持续疲软,但欧元区PMI全年位于扩张区,显示经济确认复苏,但下半年,通缩风险持续走高,指数持续下滑,再度逼近临界值。韩国等新兴经济体制造业生产增速明显放缓,表现不如年初预期,经济发展动力仍不及其他发达国家。从国内来看,中国制造业PMI稳中向好、持续扩张,但市场需求不足,产能过剩现象不容忽视,进出口形势亦不乐观。尤其是在美国退出量化宽松政策和主要新兴经济体经济增速放缓的背景下,大宗商品价格上升动力不足,经济回暖缺乏有力支撑。下半年起,内需扩张缓慢、出口订单增速滑落、通缩压力显著、劳动力市场继续走弱等问题纷纷显现,制造业扩张乏力,经济活动疲软,增加经济下行压力。但随着稳增长等各项政策效果日益显现,预计经济仍将运行于合理区间。2015年,上海制造业需求受国内外因素影响,结构调整后的企稳回升现象将更加明显,但2014年3季度起显现的下行风险仍不容忽视。第一,出口增长水平受欧债危机后续影响,仍显扩张动力不足;第二,受经济周期波动及需求不确定因素的影响,原材料价格涨跌互现;第三,产能过剩现象依然存在,库存压力和积压订单不足暗示生产动力和市场需求仍待加温;第四,从业人员指数持续萎靡,劳动力成本上涨或成为制约企业乃至行业发展的重要因素。

2. 消费者信心指数走势判断

初步判断,2015年上海消费者信心仍将持续"稳中有进"的可能性较大。主要基于以下几点判断:一是2015年国内外宏观经济环境整体平稳向好。国内经济运行保持平稳,结构调整稳中有进,转型升级势头良好的基调不会发生根本改变。此外,全球经济相对稳定的复苏状态使得全国和上海经济发展的外部环境得到进一步改善。二是2015年上海消费领域和生产领域的价格水平整体可控,出现大幅波动的可能性较低。根据对2014年价格走势和对相关影响因素的分析判断,2015年上海消费价格同比温和上升,工业生产者出厂价格同比降幅收窄的可能性较大。三是2015年市政府将继续加大对劳动就业和居民增收的重视和关注。近几年市政府连续出台的相关政策和举措,如提高最低工资标准、城镇企业退休人员养老金以及公益性行业人员工资等一系列举措有效提振了居民的消费信心。此外,自 2011 年以来,上海政府实事项目鼓励创业带动就业,每年帮助成功创业 1 万人。四是 2015 年上海耐用消费品购买的需求或将出现一定增长。2014 年上海车牌(含二手车牌)拍卖新政的出台,进一步规范了拍卖市场,车牌价格得到有效控制,市民的买车需求有望进一步释放;此外,随着央行调整首套房贷款认定标准以及消费者对限购政策退出预期的不断增强,上海消费者购房的观望情绪或将有所减弱。

2014 年上海发展环境与 2015 年展望

2014 年，世界经济在阶段性无序困局中再次陷入弱复苏；我国经济在合理区间中运行，经济结构调整趋向全面深化。2015 年，世界经济将依然面临新的不确定因素，但有望进入换挡关键期；我国经济增长的韧性将继续增强，结构调整成效有望进一步得到释放。这将为上海的经济深入转型提供良好外部环境。

一、 2014 年世界经济形势与 2015 年展望

1. 2014 年世界经济再次陷入弱复苏态势

当前全球经济仍较稳定的处于复苏轨道，但复苏态势不如预期。2014 年以来，IMF 分别于 7 月、10 月连续两次小幅下调全年世界经济增速至 3.3％，显示其对世界经济增长预期的谨慎态度。2014 年，世界经济运行呈现如下三方面特点：

(1) 经济增长和政策分化扩大

经济增长分化扩大。虽然美国经济基本转向常态化增长阶段，但欧元区经济再度滑向衰退边缘，日本经济面临失速风险，新兴市场国家经济增速也继续回落。2014 年前三季度，美国季度 GDP 环比增速折合年率分别为 －2.1％、4.2％和 5％；欧元区分别为 0.8％、0％和 0.8％；日本分别为 6.1％、－6.8％和－1.6％。3 季度，俄罗斯 GDP 同比增速续降至 0.7％；巴西同比下降 0.2％；中国则由 2 季度的 7.5％回落至 7.3％。

货币政策分歧扩大。美联储退出 QE 把全球带向货币政策对抗状态。10 月底，美国结束了自 2008 年 11 月以来推行的三轮量化宽松货币政策，逐步走向货币政策常态化状态。而欧洲央行却开始购买资产支持证券和非金

融企业发行的欧元债券,降息与量宽的双管齐下显示出货币政策宽松力度之大。而新兴经济体中部分国家为抵御外部金融风险,普遍趋向收紧。例如,巴西 2014 年以来五次升息,俄罗斯六次升息。

（2）复苏动力交替和地缘危机并存

经济复苏动力反复交替。表现之一为各经济体的 PMI 指数交替波动。美国制造业 PMI 波动上行,11 月达到 58.7;服务业 PMI 继 8 月冲高至 59.6 后回落至 59.3。欧元区制造业 PMI 持续下滑态势明显,11 月仅为 50.1,可见其经济动能不足。日本制造业、服务业 PMI 在经历 4～6 月的萎缩后略有反弹,表明经济从消费税调整后渐趋正常化。金砖国家在平稳中略现好转。其中,印度制造业 PMI 维持在 51～53 范围内,服务业 PMI 则于 5 月后走出收缩区;巴西制造业、服务业 PMI 均徘徊在临界值 50 左右;中国制造业、服务业 PMI 则分别稳定在 51 和 54 上下(见图 1)。

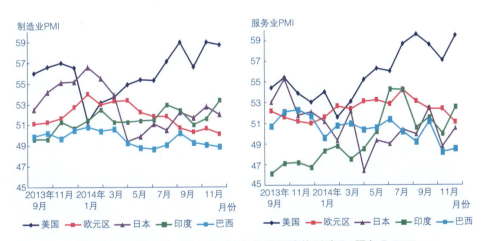

图 1　2013 年 9 月～2014 年 11 月部分经济体制造业、服务业 PMI

资料来源:美国数据来源于美国供应管理协会,其他经济体数据来源于 Markit。

地缘政治问题频繁爆发。随着全球政治危机经济化、经济危机政治化的发展趋势,政治风险和经济风险交融的特征给全球经济复苏增添了复杂性。当前,乌克兰及中东地区局势的紧张,也波及实体经济层面。近期,鉴于乌克兰危机,美国对俄罗斯采取了一系列的经济制裁行动,导致俄罗斯卢布兑美元汇率大幅下跌,2014 年以来卢布兑美元累计贬值约 50%,严重影响俄罗斯的经济稳定。

（3）财政结构弊端和虚实经济失衡持续

财政结构弊端依然存在。欧元区主权债务危机尚未完全解除。2014 年 2 季度,欧元区政府债务相当于 GDP 的比例为 95.1%,较上年同期提高 1 个百分点。欧元区为应对债务危机而采取的紧缩性财政政策现已成为经济复苏的主要障碍。与此同时,日本财政失衡矛盾凸显。截至 2014 年 6 月底,日本政府债务高达 1 039.4 万亿日元,占 GDP 的比例突破 200%,成为主权债务新的风险点。

经济复苏呈现虚实失衡。2014 年以来,全球工业生产整体缓慢恢复,而股市和房市却节节攀高。除美国、中国增长外,欧元区、日本、印度和巴西的工业产出均处于下降通道。截至 10 月,欧元区累计下滑 0.5%,而上年增长 2.0%;日本下挫 4.1%,而上年增长 6.0%;巴西下降 2.2%,降幅较 2013 年全年收窄 1.6 个百分点;印度下降 11.7%,降幅较上年扩大 10.3 个百分点(见图 2)。在实体经济整体弱复苏情况下,发达经济体的股市和房地产市场却增长强劲,极易催生新的资产泡沫。

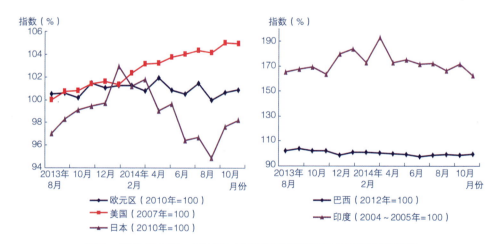

图 2　2013 年 8 月～2014 年 10 月部分经济体工业产出定基指数

资料来源:美国数据来源于美联储,欧元区、印度数据分别来源于统计局,巴西数据来源于巴西央行,日本数据来源于日本经济产业省。

2. 2015 年世界经济或趋于好转

美国经济进入常态化增长或将成为全球经济走出后危机时代的标志。全球主要经济体已经开始从政策、改革等多方面着手,力争消除当前的无序状态,提高经济潜在增速。但通缩风险、金融风险等各种不稳定因素错综复杂,决定了世界经济复苏持续面临新的不确定性。

(1) 经济增长进入换挡关键期

政策换挡。当前,美国收紧、日欧放宽、新兴经济体进退两难的全球经济政策分歧局面不仅会抑制政策效果,甚至会因外溢风险而造成经济秩序的混乱。随着美国退出 QE,其将于 2015 年下半年加息的市场预期也相应提高。美国趋紧的货币政策要求其他经济体不能再过多依赖于宽松货币政策,必须更加注重国内的结构调整。因此,全球政策调整或将倒逼经济改革。

改革换挡。发达经济体改革将从反危机转向改善经济潜在增长能力。如欧元区积极提高劳动竞争力,截至 2014 年 2 季度,希腊劳动力成本指数较危机期间的最高点下降 28.3%,葡萄牙下降 12.2%,意大利下降 12.4%。新兴经济体面对严峻的经济结构约束,努力追求平衡国内供需。2014 年,印度、巴西分别完成大选,新政府拟通过增强工业发展、加强基础设施建设等措施提高经济活力。

产业换挡。全球新一轮产业革命的来临,将为工业经济反弹创造可能性。金融危机以来,美国提倡的"制造业回流"另辟蹊径地推动了信息技术发展。德国提出的工业 4.0 战略也旨在促进制造业向智能化转型。与此同时,以页岩气为代表的能源革命一定程度抑制了全球资源价格上涨,石油及大宗商品价格均出现不同程度下跌。这将有利于降低生产成本,提高制造业竞争力,但也可能激活高能耗产业发展。

(2) 经济复苏面临新的不确定性

通缩压力加大。欧元区通缩趋势进一步延续,CPI 涨幅已连续一年低于 1%;与此同时,部分成员国的政府长期国债收益率逼近历史低点,如 9 月德国为 0.92％，较年初大幅下降 47.7％。日本通缩改善有限。受消费税上调影响，CPI 同比涨幅自 2014 年 4 月以来激增至 3％以上，但 8 月实际薪资同比跌幅扩大至 3.1％，反映出通缩实质仍未离去。此外，从全球价格看，美国商品研究局测算的反映大宗商品价格的 CRB 指数依然处在下行通道。

金融风险扩散。美国股市或已进入泡沫警戒区。目前，美股标准普尔指数的平均市盈率已经高达 26.6，而历史平均水平则仅有 16.5。高市盈率暗示美股已经被严重高估。新兴经济体受制于金融体系的不完善，较易遭到外部资本冲击。从 2013 年下半年起因美国退出量化宽松货币政策的预期升高，巴西、印度等多个国家汇率大幅贬值，而随着 10 月底美国完全退出量化宽松货币政策及 2015 年下半年加息的预期升温，国际资本流向又发生重大转变，新兴经济体部分国家汇率贬值压力再次加大。

政策对抗内耗。除经济政策分化之外，全球主要经济体基于地缘政治问题、国家战略需求等，可能会产生广泛的政策对抗，从而制约全球经济复苏。以全球贸易为例，金融危机后，美国大额逆差缩小及日本由大额顺差转为逆差，一定程度降低了全球贸易账户的不平衡。但日本为在短期内扭转贸易逆差状态，单边强硬采取汇率贬值政策。在继上年日元兑美元汇率贬值 20.9％后，2014 年再度累计贬值约 13％，这种大幅度贬值，无疑也会对全球市场稳定性造成负面影响。

二、 2014 年我国经济形势与 2015 年展望

1. 2014 年我国经济在合理区间中运行

2014 年前三季度，我国 GDP 同比累计增长 7.4％。其中，1 季度同比增长 7.4％，2 季度增长 7.5％，3 季度增长 7.3％。我国经济处于由高速增长转向中高速增长的过渡阶段，面对存在的经济下行压力，经济韧性支撑着经济依然保持在合理区间中运行。尽管新旧动力交替尚需时间，但在力促转型政策的推动下，经济结构调整渐趋全面深化。

（1）三大需求同步驱动呈常态化

2014 年，我国经济"三驾马车"同步驱动逐渐演变成为经济增长的新常态，且各驱动力内部的结构也在酝酿转换，预示经济转型升级逐渐进入深化。

消费基本平稳，新旧形态接力。从消费增速看，整体水平略显放缓。1～11 月社会消费品零售总额同比增长 12%，增幅较上年同期收窄 1 个百分点；2014 年以来月度同比增速的波动范围在 11.5%～12.5% 之间，其上下限均较 2013 年下降 1 个百分点（见图 3）。从消费动力看，新兴形态接续传统形态。1～11 月，作为新消费形态的网上销售增势较好，全国限额以上单位网上零售额同比增长 55.9%；作为传统消费形态的餐饮同比增长 9.7%，而汽车销售额增速则由 1 季度的 12.3% 回落至 7.9%。

图 3 2005～2014 年我国消费、投资和出口的月度增速情况

资料来源：国家统计局。

投资增速下行，动力转换较慢。从投资增速看，仍处于下降通道。1～11 月，我国固定资产投资额增速降至 15.8%，较上年同期收窄 4.1 个百分点；与全球经济危机前相比，投资增速回落趋势显著。从投资领域看，房地产开发投资下滑明显，同时，工业投资、基础设施投资未能及时补缺。1～11 月，我国房地产开发投资额同比增长 11.9%，增幅较年初收窄 7.4 个百分点；工业投资和基础设施投资在平稳中略有减缓，其中工业投资增长 13%，增幅较年初收窄 0.8 个百分点，基础设施投资增长 21.8%，增幅较 2 季度收窄 3.3 个百分点。

出口底部反弹,地区结构渐变。 从出口增速看,出现回暖迹象,但反弹力度不强。2014 年以来,我国出口额增速逐季好转,1 季度同比下降 6.1%,2 季度增长 3.4%,3 季度增长 12.8%。1～11 月,我国出口同比增长 5.7%,但增幅较上年同期收窄 2.6 个百分点。从出口区域看,中西部地区增势较好。前三季度,重庆、四川、江西、广西和湖南等中西部省份的出口增速分别为 45.5%、11%、13.8%、21.4% 和 28.6%,明显高于全国的增速,反映出随着国内产业的梯度转移,中西部地区外贸竞争后发优势渐起。

(2) 经济结构调整趋于全面深化

2014 年,我国进入经济转型攻坚期,经济结构调整全面铺开。在产业结构调整的引领下,收入分配结构、消费结构的调整步伐也逐步跟上,经济结构调整更趋深入。

产业结构调整初显阶段性效果。 一是三产结构趋于优化。前三季度,第三产业增加值占 GDP 比重为 46.7%,比上年同期提高 1.2 个百分点,高于第二产业 2.5 个百分点。自 2012 年 4 季度以来,第三产业增加值的增速持续高于第二产业(见图 4)。二是工业加速推陈出新。通过"取消一批、转移一批、整合一批、淘汰一批"政策逐渐淘汰落后产能、减压过剩产能;与此同时,加速新兴产业的培育,逐渐扩大互联网、物联网在工业、交通等领域的应

图 4　2005～2014 年我国第二、第三产业增加值季度累计增速

资料来源:国家统计局。

用。2014 年 1～11 月,规模以上工业增加值同比增长 8.3％;前三季度,规模
以上工业企业实现利润同比增长 7.9％,与主营业务收入增幅持平,在 41 个
工业大类中,有 23 个大类行业主营业务收入利润率同比提高或持平。三是
服务业层次逐渐提升。以北京、上海为代表城市的商务服务业发展势头较
强劲,带动全国服务业向高层次水平发展。作为传统服务业代表的批发和
零售业增加值的同比增速由 2011 年的 12％左右回落至 2014 年前三季度的
9.7％,房地产业增加值也由 8％左右的增速下滑至 2.3％。而金融业增加值
同比增速则相对稳定,2014 年前三季度为 9.1％。

收入分配结构调整继续深入。党的十八大提出"到 2020 年实现城乡居
民人均收入比 2010 年翻一番"的目标。2014 年,我国加速收入分配结构调
整,具体表现为"三个快于"。一是城乡居民收入增速快于 GDP 增速。前三
季度,全国居民人均可支配收入实际增速是 8.2％,快于 GDP 增速 0.8 个百
分点。二是城乡居民收入增速快于财政收入增速。前三季度,全国居民人
均可支配收入实际增速快于财政收入 0.1 个百分点。以上两个"快于"意味
着居民收入在国民经济分配格局中所占的比重有所提高。三是农村居民收
入增速快于城镇居民收入。前三季度,农村居民人均现金收入实际增速快
于城镇居民人均可支配收入 2.8 个百分点,城乡居民人均收入倍差为 2.59,
比上年同期缩小 0.05。

消费结构调整孕育积极变化。一是服务性消费酝酿新动力。从国际经
验看,当人均 GDP 高于 7 000 美元后,消费偏好将由制造业产品向服务业产
品转变。据此,中国即将跨入 7 000 美元门槛,预示着国内教育、文化、体育、
信息技术等居民服务性消费有望呈现突破。二是消费对经济增长的拉动作
用继续增强。1～11 月,居民消费价格指数(CPI)基本平稳,同比上涨 2％,
涨幅比年初回落 0.5 个百分点。国内相对稳定的物价创造了良好的消费环
境。前三季度,最终消费对经济增长的贡献率达 48.5％,比资本形成总额贡
献率高出 7 个百分点左右,内需结构优化的态势更趋稳固。

(3) 经济政策力促转型定向化

2014 年,全球其他经济体的货币政策频繁大幅度调整,而我国并未采取
大规模刺激经济政策,围绕"稳增长、调结构、惠民生"定向发力的微刺激政

策不断,取得积极成效。这些定向微刺激措施内容涵盖定向降准、税收优惠、棚户区改造、中西部铁路建设、稳定外贸及在基础设施等领域推出一批鼓励社会资本参与的项目等,在保持经济基本面平稳的前提下,一定程度实现了结构性经济刺激作用。

一是定向降准力挺三农小微。为消化 2009 年政府 4 万亿货币政策刺激的负面影响,我国广义货币(M2)增速明显下行(见图 5)。同时,为保证实体经济的充足流动性,2014 年 6 月,央行针对性的加强对"三农"和小微企业支持,实施定向降准,以保证实体经济的充足流动性。

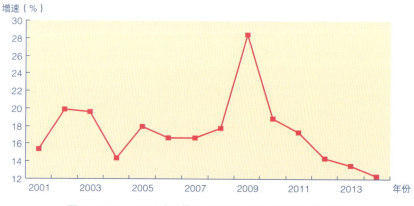

图 5 2001～2014 年(截至 11 月末)我国 M2 同比增速

资料来源:国家统计局。

二是多项政策惠及微观主体。自 2014 年 1 月起,财政部将享受减半征收企业所得税优惠政策的小型微利企业范围由年应纳所得额低于 6 万元(含 6 万元)扩大到年应纳所得额低于 10 万元(含 10 万元)。6 月,国家确定取消和下放新一批 52 项行政审批事项。这些举措有利于创造更有活力的市场环境,调动企业和社会创业、创新和创造的积极性。

2. 2015 年我国经济韧性趋于增强

2015 年,我国经济仍将处于稳增长、调结构的转型阶段,经济增长的韧性将继续增强,确保经济的安全平稳运行。

（1）境外机构下调我国经济增速

2014 年，全球主要经济组织下调了对中国经济增速的预判。9 月，经济合作与发展组织（OECD）预测中国 2015 年经济增速为 7.3%，并表示中国经济正在进行有序调整，但仍将维持快速增长，而新的速度将更可持续。10 月，国际货币基金组织（IMF）基于中国经济将过渡到更可持续的增长之路的考虑，下调中国 2015 年经济增速至 7.1%；世界银行也预测 2015 年中国经济增速降至 7.2%。

（2）我国经济增长将更富韧性

2015 年初，我国的经济动能或将稳中提升。从国内先行指数看，2014 年 11 月，官方 PMI 及汇丰 PMI 均保持在景气区间（见图 6）。随着 2014 年 3 季度以来的铁路投资、房地产政策的适当调整，以及 11 月央行下调贷款和存款基准利率，2015 年初我国经济增速或将呈小幅回升。

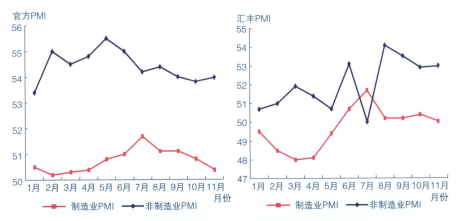

图 6　2014 年我国官方 PMI 指数及汇丰 PMI 指数

资料来源：官方 PMI 来源于国家统计局。汇丰 PMI 来源于汇丰银行。

2015 年全年，我国经济将在稳增长的同时深化结构调整。一方面，经济由高速增长向中高速增长已是新常态，鉴于经济下行式调整仍没有完全到位，因而经济依然将承受较大的下行压力。另一方面，经济仍然具备一定支撑力，且新的增长点有望进一步发力，因而经济承受力也在增强。具体因素如下：

积极因素：一是内外需求力量平衡增强。从内需看，国家先后出台了促进信息消费、促进旅游业改革发展、免征新能源汽车车辆购置税、推进生态环保养老服务、促进体育消费等多项措施,这都将有效促进新兴消费市场的发展。从外需看,随着 2015 年国际大环境的整体好转,我国出口的反弹速度有望加快。据 9 月世界贸易组织(WTO)预测,2015 年全球贸易增速为4.0％,增幅较 2014 年将提高 0.9 个百分点。二是结构调整效果渐显。从服务业结构看,营业税改增值税在交通运输业和现代服务业的试点已扩大至全国范围,前期积累的服务业发展"减负"效应有望实现释放;此外,互联网、物联网、云服务、大数据等领域创新发展不断,将有效提升和改造传统服务业。从经济区域结构看,"一带一路"战略将借助既有的、行之有效的区域合作平台,实现中国与沿线国家的合作发展与共赢。京津冀、长三角等地区联动发展将有利于加快区域资源整合,形成经济转型发展的合力。

消极因素:一是结构调整增加经济下行压力。经济规律表明,新旧增长点的拉锯式交替贯穿于经济转型升级的全过程,而旧增长点的退出是波动性的,新增长点的发力也是不平稳的,因而会造成经济增速的波动调整。现阶段,我国已不仅从总需求层面挖掘新的增长点,而是重点通过深化改革来催生经济新的增长点。但随着金融体制、财政体制、国有企业改革的逐步深入,推进难度也逐渐加大,经济下行压力仍是当前首要的不确定因素。二是金融风险增加了经济不确定性。国内资产价格高企及政府债务膨胀增添了金融风险。截至 2014 年 6 月末,我国地方政府性债务总规模为 17.9 万亿元。尽管与其他国家相比,规模总量不算大,但增速较快,三年间几乎翻一番。若 2015 年下半年美国加息,全球资本将进一步回流美国,无疑会增加我国的金融风险。

三、 2015 年国内外环境对上海经济发展的影响

2015 年,全球经济步入换挡关键期、我国经济结构调整持续深化,都将为上海在创新驱动发展、经济转型升级中当好全国改革开放的排头兵创造良好的外部环境。一方面,国内外经济的积极因素将为上海转型搭建良好平台,营造出经济良性循环体系;另一方面,国内外经济的消极因素也将在

某种程度倒逼上海加速转型,减少对旧增长点和旧的发展模式的依赖。

1. 有利因素

工业发展环境转好。随着美国经济的好转,美元有望继续升值,而大宗商品、石油等价格进一步回落,将有利于降低全球工业发展成本。对于劳动力成本不断上升的上海而言,无疑有利于减轻工业企业的成本压力。

三产发展动力增强。近年来,上海现代服务业发展势头良好,金融业、租赁和商务服务业、科学研究和技术服务业等均实现较快增长。在全国经济转型的大环境下,尤其是互联网发展及信息消费的带动,必将促进上海服务业加速结构调整,实现量质同升。

外贸形势有望改善。全球经济复苏的"虚实转换"及欧元区转向适度扩张性财政政策,将在一定程度上改善国际贸易形势。上海经济外向性程度仍然较高,贸易依存度已连续近 10 年高于 50%。2014 年上海进出口增速较 2013 年已明显提振,2015 年有望继续保持回暖势头。

物价压力继续缓解。大宗商品等上游产品价格持续疲软,有效舒缓输入型通胀压力。对于正值结构转型攻坚期的上海而言,2014 年居民消费价格上行压力不大,2015 年物价水平将延续稳定趋势,有助于稳固全市消费市场。

自贸区建设进展快。2014 年,《中国(上海)自由贸易试验区外商投资准入特别管理措施(负面清单)(2014 年修订)》发布,特别管理措施由原来的 190 条调整为 139 条。国际经济的弱复苏态势,一方面有利于为上海自贸试验区建设构建较稳定的外部经济环境,另一方面,也有利于倒逼上海自贸试验区加快创新改革的步伐。

2. 不利因素

潜在增速放缓,抑制经济增长提速。中国经济正处结构调整期,经济增长仍然面临下行压力,潜在增速也趋于放缓。在此背景下,上海转型发展阵痛期仍将延续。

资金成本上行,削弱工业盈利能力。美国 2014 年退出量化宽松货币政策及 2015 年加息预期,都将显著抬升全球资金成本,从而加重实体经济盈利负担。

生产价格下行,抑制企业投资积极性。2015 年,全球通缩压力提升将进一步强化企业对工业生产者价格持续下降的预期,无疑不利于激发企业投资动能。

流动性或趋紧,制约股市房市空间。美国货币政策换挡会明显改变全球资金流向。在国内货币政策持续稳健的情况下,2015 年市场流动性难言宽松,不利于股市和房市发展。

需求篇

2014 年上海投资评估与 2015 年预测

2014 年，面对错综复杂的国内外形势，上海坚持稳中求进、改革创新，全面落实国家"稳增长、促改革、调结构、惠民生"等各项政策措施。全市聚焦产业结构优化升级、科技创新、社会民生、生态文明、城市交通基础设施和新型城镇化等重点投资领域，加快推进国际旅游度假区、虹桥商务区和黄浦江两岸等重点区域项目建设，预计全年完成固定资产投资将突破 6 000 亿元。在投资规模稳步增长的同时，投资结构也进一步优化，对上海经济"创新驱动、转型发展"起到了积极的推进作用。

一、 2014 年上海固定资产投资概况和分析

1. 2014 年固定资产投资保持小幅增长

2014 年 4 月以来，上海固定资产投资一直保持 4%左右的小幅平稳增长。进入 4 季度后，在房地产开发投资增幅明显回升的带动下，上海固定资产投资增速有所加快。1～11 月，上海固定资产投资 5 231.37 亿元，比上年同期增长 6.7%，增幅比 1～10 月回升 1.8 个百分点。其中，工业完成投资 967.13 亿元，同比下降 6.7%；城市基础设施完成投资 877.49 亿元，增长 6.5%；房地产开发完成投资 2 894.9 亿元，增长 12.9%（见图 1）。

(1) 房地产开发投资增幅回升，办公楼和商业营业用房投资增长较快

2014 年，受全国楼市下滑、2013 年住宅市场成交透支以及信贷政策趋紧等诸多因素影响，上海房地产开发投资增速较 2013 年出现明显回落。进入 4 季度后，随着信贷政策放宽，在一批新开工项目的带动下，上海房地产开发投资增速出现回升。1～11 月，上海房地产开发完成投资 2 894.9 亿元，比上年同期增长 12.9%，增幅比 1～10 月回升 3.3 个百分点，是全市投资

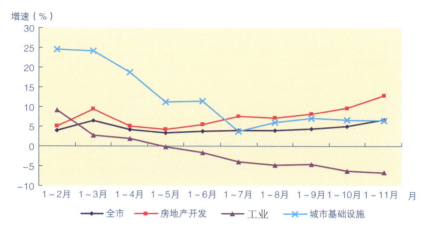

图1　2014年1～11月上海主要领域固定资产投资增长情况

增幅回升的主要因素；房地产开发完成投资占全市固定资产投资的比重达到55.3％，同比提高3个百分点。从主要分类看，住宅投资1 569.41亿元，增长8.1％；办公楼投资482亿元，增长34.3％；商业营业用房投资421.87亿元，增长26.4％；其他用房投资421.62亿元，增长0.1％。

(2) 工业投资持续下降，六个重点发展行业占制造业比重有所提高

2014年，上海工业投资增长乏力，自5月起投资出现下降且降幅持续扩大。1～11月，上海工业完成投资967.13亿元，比上年同期下降6.7％，其中制造业完成投资817.56亿元，下降11.3％；工业完成投资占全市固定资产投资的比重为18.5％，同比下降2.6个百分点。六个重点发展行业完成投资586.18亿元，下降6.8％，占全市制造业投资的比重为71.7％，同比提高3.4个百分点。其中，汽车制造业、精品钢材制造业和石油化工及精细化工制造业增长较快，电子信息产品制造业、成套设备制造业和生物医药制造业完成投资则出现不同幅度下降（见表1）。

(3) 城市基础设施投资保持增长，电力建设投资快速增长

2014年，上海城市基础设施投资延续2013年的良好发展态势，持续增长。1～11月，上海城市基础设施完成投资877.49亿元，比上年同期增长6.5％；城市基础设施完成投资占全市固定资产投资的比重为16.8％，和上年同期持平。从主要分类看，电力建设投资快速增长，完成115.27亿元，增长58.6％；市政建设和邮电通信分别完成投资314.04亿元和73.66亿元，

表 1　2014 年 1～11 月上海工业六个重点发展行业投资情况

分　　　类	投资额（亿元）	比上年同期增长（％）
合　　　计	586.18	−6.8
电子信息产品制造业	142.63	−25.3
汽车制造业	123.25	5.3
石油化工及精细化工制造业	102.73	22.7
精品钢材制造业	42.87	7.6
成套设备制造业	112.03	−15.1
生物医药制造业	62.67	−4.5

增长 11.1％和 8％；而交通运输和公用事业投资出现下降，分别完成 350.51
亿元和 24 亿元，下降 3.7％和 34％。

2. 固定资产投资结构进一步调整优化

（1）从三次产业看，第三产业投资比重进一步提高

近年来，随着房地产开发投资规模的不断扩大，上海第三产业投资比重
进一步提高。2014 年 1～11 月，上海第一产业完成投资 10.41 亿元，占全市
投资的比重为 0.2％；第二产业完成投资 967.93 亿元，占 18.5％；第三产业完
成投资 4 253.03 亿元，比上年同期增长 10.5％，占全市投资比重由上年同期
的 78.5％进一步提高到 81.3％（见表 2）。

表 2　2014 年 1～11 月上海固定资产投资按三次产业划分情况

分　类	1～11 月完成投资		上年同期完成投资		比上年同期增长（％）
	投资额（亿元）	比重（％）	投资额（亿元）	比重（％）	
全市投资	5 231.37	100.0	4 903.30	100.0	6.7
第一产业	10.41	0.2	11.22	0.2	−7.2
第二产业	967.93	18.5	1 041.94	21.2	−7.1
第三产业	4 253.03	81.3	3 850.14	78.5	10.5

从第三产业内部结构看,随着一批现代服务业重大项目加快推进,房地产业中办公楼和商业营业用房开发、租赁和商务服务业完成投资增长较快,分别完成 903.87 亿元和 165.56 亿元,增长 30.5％和 17.4％,对上海投资增长的贡献率高达 71.9％,是上海投资稳步增长的重要动力;此外,教育、科学研究和技术服务业完成投资也呈现较快增长势头,分别完成 88.47 亿元和 44.28 亿元,增长 56.8％和 36.3％(见表 3)。

表 3　2014 年 1～11 月上海第三产业固定资产投资情况

行　　业	投资额（亿元）	比上年同期增长（％）	占第三产业投资比重（％）
批发和零售业	28.01	－36.8	0.7
交通运输、仓储和邮政业	387.47	－1.6	9.1
住宿和餐饮业	23.10	－21.5	0.5
信息传输、软件和信息技术服务业	93.37	3.7	2.2
金融业	17.51	22.8	0.4
房地产业	2 907.91	12.9	68.4
租赁和商务服务业	165.56	17.4	3.9
科学研究和技术服务业	44.28	36.3	1.0
水利、环境和公共设施管理业	384.14	8.3	9.0
居民服务、修理和其他服务业	5.03	110.1	0.1
教育	88.47	56.8	2.1
卫生和社会工作	23.57	－31.0	0.6
文化、体育和娱乐业	78.68	10.9	1.8
公共管理、社会保障和社会组织	5.94	－40.7	0.1

(2) 从投资主体看,非国有经济投资增长较快

近年来,上海固定资产投资主体结构进一步趋向多元。自 2010 年以来,上海非国有经济投资的增速一直领先于国有经济投资增速,占全市投资的比重也不断提高(见图 2)。2014 年 1～11 月,上海国有经济完成投资 1 496.16 亿元,比上年同期下降 4.7％,占全市投资的 28.6％;非国有经济完成投资 3 735.21 亿元,增长 12％,占 71.4％,比重同比上升 3.4 个百分点;其中民间投资 1 941.48 亿元,增长 9.1％。从经济类型看,私营经济完成投资 1 084.59 亿元,增长 14.9％;股份制经济完成投资 1 596.41 亿元,增长 9.5％;外商和港澳台商经济完成投资 986.47 亿元,增长 23.3％。

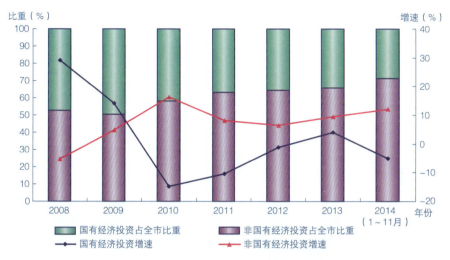

图 2　2008 年以来上海国有和非国有经济投资增长情况

(3) 从投资项目区域分布看,投资向重点区域集聚的效应进一步显现

近年来,由于上海土地资源稀缺性的客观制约以及经济转型发展对投资结构优化的迫切要求,上海固定资产投资行为更注重内涵式发展。从投资项目的区域分布情况看,固定资产投资向重点区域集聚的效应进一步显现,各类功能园区建设全面开花。世博园区 A、B 片区地下空间开发及配套工程有序推进,中国商飞、中外运和国家电网等多家央企总部建设进展顺利;虹桥商务区全面完成各地块土地出让工作,核心区 26.3 平方公里区域范围内在建项目投资总规模超过 750 亿元,占全市固定资产投资项目建设规模的 2.5％,计划总投资近 120 亿元的中国博览会会展综合体项目 1～11 月完成投资逾 60 亿元;国际旅游度假区建设进程加快,1～11 月完成主题乐园、配套酒店和各类市政设施投资逾 100 亿元;上海化工区在现有企业布局基础上,积极引进外商二次投资,在上海赛科新建 26 万吨/年丙烯腈装置项目、拜耳材料科技(中国)有限公司 20 万吨/年聚碳酸酯扩建项目和巴斯夫化工有限公司 10 万吨/年尼龙 6 等大项目投资带动下,1～11 月化工区共完成投资 79.71 亿元,比上年同期增长 34.5%。

3. 建设资金到位紧张情况有所缓解

2014 年以来,受商品房市场销售大幅萎缩的影响,房地产开发企业的其他资金(主要是房地产开发投资中的定金、预付款及个人按揭贷款)出现较明显下降,导致上海投资项目到位建设资金一直呈下降态势(见图 3)。1～11 月,上海到位的建设资金合计 9 502.57 亿元,其中本年实际到位资金 6 901 亿元,比上年同期下降 1.1%,降幅比 1～10 月收窄 3.1 个百分点,建设资金到位紧张情况有所缓解。从资金来源的主要渠道看,国家预算资金 351.51 亿元,增长 20.2%;国内贷款 1 868.67 亿元,增长 16.6%;自筹资金 2 850.57 亿元,下降 3%;利用外资 106.5 亿元,下降 27.2%;其他资金 1 723.75 亿元,下降 13.6%。

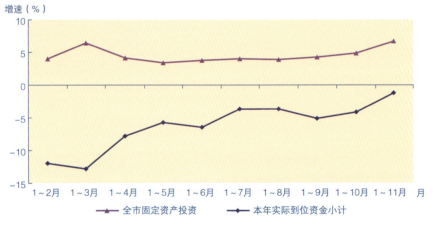

图 3 2014 年 1～11 月上海本年到位建设资金增速与全市投资增速比较

4. 部分领域固定资产投资运行需要重点关注

(1) 工业投资持续下降,向外省市转移趋势进一步显现

近年来,上海工业固定资产投资增长乏力,投资增速连续多年低位运行。2014 年 5 月以来,上海工业投资一直呈下降态势,且投资降幅持续扩

大。随着上海产业结构深入调整，很多汽车、钢铁和化工行业的大企业，正逐步将投资重心由上海向外省市转移，市内投资基本以维持现有生产规模为主，而在外省市则主要是建设新的生产基地。2014 年，全市一些大的集团公司，如上海汽车集团、宝钢集团和华谊集团等，在外省市完成投资均占集团全部投资的一半以上，工业投资向外省市转移的趋势进一步显现。

（2）民间投资仍以工业和房地产业为主，投资活力有待进一步释放

2014 年 1～11 月，上海民间投资 1 941.48 亿元，比上年同期增长 9.1%；民间投资占全市投资的 37.1%，比重同比提高 0.8 个百分点。

从民间投资内部结构看，房地产开发和工业投资占比提高到九成以上（见表 4）。从项目涉及领域看，很多民间投资项目仍局限于房地产开发和传统工业领域，对城市基础设施领域的综合开发及文化、卫生医疗和养老服务等社会事业领域的投资涉及较少，上海民间投资的活力有待进一步释放。

表 4　2014 年 1～11 月上海主要领域民间投资基本情况

分　类	1～11 月完成投资		上年同期完成投资		比上年同期增长（%）
	投资额（亿元）	比重（%）	投资额（亿元）	比重（%）	
民间投资	1 941.48	100.0	1 779.89	100.0	9.1
＃工业	308.40	15.9	338.50	19.0	−8.9
房地产开发	1 455.61	75.0	1 234.41	69.4	17.9

（3）社会事业投资保持较快增长，卫生和社会保障等领域投资力度有待进一步加强

2014 年以来，上海社会事业（包括教育、卫生和社会工作、文化、体育和娱乐业及公共管理、社会保障和社会组织等行业）投资保持较快增长。1～11 月，上海社会事业完成投资 196.66 亿元，比上年同期增长 14.6%（见表 5）。从社会事业投资分类情况看，在上海建桥学院、上海科技大学和上海电机学院等院校集中建设的带动下，教育完成投资 88.47 亿元，增长 56.8%；受迪士尼乐园项目临近开园建设进度明显加快的影响，文化、体育和娱乐业完成投资 78.68 亿元，增长 10.9%；而卫生和社会工作及公共管理、社会保障和社会组织等行业缺少大项目支撑,完成投资均呈现下降态势。

表5　2014年1～11月上海社会事业固定资产投资情况

分　类	1～11月完成投资		上年同期完成投资		比上年同期增长（%）
	投资额（亿元）	比重（%）	投资额（亿元）	比重（%）	
社会事业投资	196.66	100.0	171.57	100.0	14.6
教育	88.47	45.0	56.44	32.9	56.8
卫生和社会工作	23.57	12.0	34.15	19.9	−31.0
文化体育和娱乐业	78.68	40.0	70.97	41.4	10.9
公共管理和社会组织	5.94	3.0	10.01	5.8	−40.7

（4）新开工项目投资规模下降,大项目储备力度有待进一步加强

2014年,上海固定资产投资平稳增长,但新开工项目投资规模和完成投资情况却不甚理想。1～11月,上海本年新开工项目(不含房地产开发项目,下同)计划总投资1 748.59亿元,比上年同期下降12.5%;完成投资700.1亿元,下降13.5%;其中本年新入库的计划总投资10亿元及以上的项目26个,虽然比上年同期增加2个,但和往年同期30个以上新入库大项目的情况相比,仍处于较低水平。这表明当前上海建设项目投资的增长动力主要来源于续建项目,大项目储备力度有待进一步加强。

二、 2015年上海固定资产投资形势初步判断

1. 2014年上海固定资产投资者信心指数保持高位运行

2014年以来,面对错综复杂的外部环境,国内经济结构调整稳步推进,上海经济总体保持平稳运行。在此背景下,根据上海固定资产投资意向调查结果[①]编制的2014年上海固定资产投资者信心指数[②]为121.06点,比

---

① 固定资产投资意向调查是自2005年起,上海市统计局和上海市发展改革委每年联合进行一次的全市范围内对于当年固定资产投资预测和下年投资发展趋势判断的抽样调查。
② 固定资产投资者信心指数是利用投资意向调查汇总结果,根据扩散指数和合成指数原理计算得出;信心指数的区间为[0，200],信心指数的数值越大,代表投资者信心越强。

2013 年小幅回落 1.6 个点,但总体仍保持高位运行的态势。2014 年全市固定资产投资完成情况预期稳中有增、2015 年全市固定资产投资环境预期稳中向好、预计 2015 年固定资产投资规模继续小幅增长,成为上海固定资产投资者信心指数保持高位运行的主要原因。同时,2014 年固定资产投资项目投产后的效益预期有所回落,是上海固定资产投资者信心指数和 2013 年相比小幅回落的重要因素。从 2005 年以来指数的波动趋势看,上海固定资产投资者信心仍处于历史较高水平,为 2015 年上海固定资产投资的稳步发展奠定了坚实基础(见图 4)。

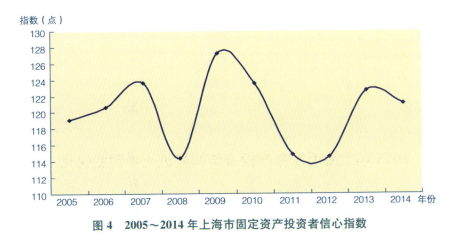

图 4　2005～2014 年上海市固定资产投资者信心指数

2. 2015 年上海固定资产投资环境稳中向好

2013 年 9 月,中国(上海)自由贸易试验区正式挂牌。2014 年以来,上海自贸区各项改革试点工作稳步推进,在政策层面上对上海固定资产投资发展持续利好。从 2014 年上海固定资产投资意向调查的结果看,众多调查单位对 2015 年上海固定资产投资环境的预期稳中向好。有 72.9％的调查单位认为 2015 年上海固定资产投资环境将延续 2014 年以来的良好趋势,这一比例比 2013 年的调查结果上升 4.1 个百分点;而认为 2015 年上海固定资产投资环境不如 2014 年的仅 6.2％,同比下降 0.7 个百分点。

3. 2015 年上海固定资产投资有望保持小幅增长的态势

2014 年,围绕产业结构优化升级、科技创新、社会民生、生态文明、城市交通基础设施和新型城镇化等重点投资领域,上海重大建设项目稳步推进,虹桥商务区和国际旅游度假区等重点区域建设和多条越江通道建设项目在 2015 年仍将处于投资工作量稳步释放阶段,全市建设项目 2015 年完成投资将基本维持 2014 年的规模。由于 2014 年底集中新开工项目的影响,上海房地产开发投资增幅明显回升,预计 2015 年仍将保持增长态势。根据 2014 年上海固定资产投资意向调查结果分析,2015 年上海固定资产投资增速的中间估计值为增长 1.3％。综合上述分析判断,随着上海固定资产投资环境稳中向好,2015 年上海固定资产投资有望继续保持小幅增长的态势。

4. 2015 年上海固定资产投资结构将进一步调整优化

近年来,上海固定资产投资发展从"重总量规模"向"重结构效益"转移的趋势进一步显现。2015 年,上海固定资产投资在总量小幅增长的基础上,内部结构将进一步调整优化。2014 年,上海城市基础设施完成投资增长势头较好。随着轨道交通 10 号线二期工程和轨道交通 17 号线工程等新开轨道交通线路投资工作量逐步释放,近期获批的上海北横通道一期新建工程等市政道路项目也将在 2015 年正式启动,上海城市基础设施完成投资有望继续保持良好的增长势头。随着汽车和钢铁等产业投资向外省市转移的趋势进一步显现,2015 年上海工业完成投资情况不容乐观,很可能将继续呈现小幅下降态势,但高端装备制造等重点发展行业的投资比重将有所提升。随着虹桥商务区、国际旅游度假区和世博园区等重点区域建设的稳步推进,商办楼和商务服务业完成投资将继续保持较快增长,并带动第三产业投资比重进一步上升。综合上述分析,围绕创新驱动发展战略和经济结构战略性调整,2015 年上海固定资产投资结构将进一步调整优化。

三、 2015 年保持上海固定资产投资稳步健康发展的对策建议

1. 围绕重点区域建设，进一步推进上海投资结构优化和投资效益提升

2014 年，虹桥商务区、世博园区、前滩地区、国际旅游度假区、临江地区和黄浦江两岸等"六大重点区域"的各类开发建设稳步推进。2015 年，在上海土地资源相对稀缺的客观条件制约下，要围绕重点区域建设，提高土地资源利用效率，并充分发挥重点功能园区的规模效应和集聚效应，积极引进资本产出效率高且符合上海城市发展定位的投资项目，从而进一步推进上海投资结构优化和投资效益提升。

2. 优化项目审批和备案流程，进一步加大项目储备力度

2014 年，上海固定资产投资稳步增长，但新开工项目投资规模和完成投资均出现下降。有些大项目在审批过程中，不仅需要市发改委审批，还需要上报国家层面审批，整个审批周期甚至长达 1～2 年。对于产业项目而言，能否及时开工对项目后续的投资效益影响很大，有个别大项目已因为审批耗时太长导致错过最佳时机而放弃投资。2015 年，应进一步优化项目审批和备案流程，稳妥推进项目方案设计审批、用地动迁和环评等行政许可申请，加大项目储备力度，为上海固定资产投资的持续健康发展奠定扎实基础。

3. 对符合经济转型发展要求的投资项目给予政策扶持，进一步缓解投资项目资金紧张的压力

2014 年，受宏观经济形势的影响，部分行业生产不景气导致企业经营状况不佳，上海乃至全国范围内投资项目的资金到位情况都比较紧张。

2015 年,对符合上海经济转型发展要求的投资项目,如节能环保、新材料和新能源产业等领域的投资项目,应在政策上给予扶持,从而有效缓解这些投资项目资金紧张的压力。尤其是一部分缺少投资启动资金的中小型企业,更应出台相应的扶持政策促使其发展壮大形成产业规模。

4. 引导民间资本投向城市基础设施和社会事业等领域,进一步激发民间资本的发展活力

2014 年,上海民间投资增长速度有所放缓,且从投向的领域看,仍主要集中在房地产开发和工业等传统产业,对于城市基础设施和社会事业等领域涉及较少,在部分基础设施建设领域甚至出现了"旋转门"和"玻璃门"现象。从 2014 年上海固定资产投资意向调查的结果看,上海民间投资在市场准入、税收及融资担保等政策层面的扶持力度仍有待进一步加强,民间资本在投资过程中对于机会平等的诉求较强烈,2015 年上海民间资本的发展活力也有待进一步激发。

2014 年上海消费评估与 2015 年预测

2014 年,上海商业积极应对错综复杂的外部环境,坚持转型发展,挖掘消费市场潜力,减少各种不利因素带来的影响,消费品市场保持平稳发展态势。1～11 月,上海实现商品销售总额 6.75 万亿元,比上年同期增长 11.6％,社会消费品零售总额 7 959.46 亿元,增长 8.7％。

一、 2014 年上海消费品市场概况和分析

1. 2014 年上海消费品市场概况

(1) 社会消费品零售总额将超过 8 700 亿元,增速稳中有升

2014 年,上海社会消费品零售总额预计将超过 8 700 亿元,比上年增长 8.5％左右,增速稳中有升。从 1～11 月走势看,社会消费品零售总额月均超过 600 亿元,累计增速呈稳步上升趋势,1 季度增长 7.2％,上半年增长 7.6％,前三季度增长 8.5％,1～11 月增长 8.7％(见图 1)。

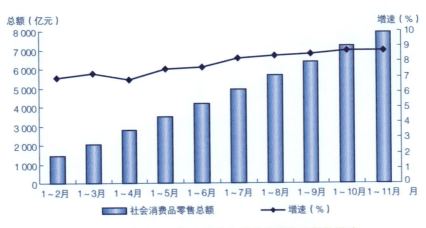

图 1　2014 年 1～11 月上海社会消费品零售总额及增速

(2) 社会消费品零售总额增速低于全国,高于北京、天津

2014 年 1～11 月,全国实现社会消费品零售总额 23.66 万亿元,比上年同期增长 12%。上海实现社会消费品零售总额 7 959.46 亿元,同比增长 8.7%,增速低于全国 3.3 个百分点。北京和天津分别实现社会消费品零售总额 8 206.92 亿元和 4 306.18 亿元,增长 8.6% 和 5.8%,增速比上海低 0.1 个和 2.9 个百分点。

2. 2014 年上海消费品市场结构特点

(1) 批发零售业稳步增长,住宿餐饮业消费先升后降

2014 年以来,上海批发零售业以市场为导向,积极调整经营策略,创新市场营销方式,在信息、电子商务等快速增长带动下,零售额稳步增长。1～11 月,批发和零售业企业实现零售额 7 198.01 亿元,比上年同期增长 9.1%,占全市社会消费品零售总额的 90.4%,销售规模优势明显,有效带动了消费品市场增长。分月度看,累计增速均超过 7%,并呈逐渐上升趋势(见图 2)。

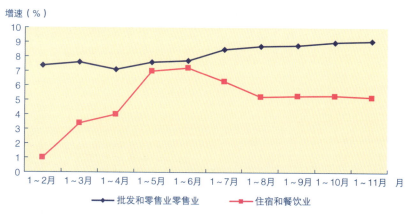

图 2　2014 年 1～11 月上海批零、住餐业消费品零售总额增速

2014 年以来,住宿餐饮业积极适应市场形势,加快企业转型升级步伐,以市场为导向,调整消费层次结构,产品结构。一些高档住宿餐饮企业重新定位,从结构、品牌、价值营销等各个环节入手,逐渐实现企业经营方式转变,以满足新的目标群体需要,经营状况有所好转。1～11 月,住宿餐饮业实

现零售额 761.45 亿元,比上年同期增长 5.2%。分季度看,1 季度累计增速 3.4%,上半年增速又比 1 季度提高 3.8 个百分点,达到 7.2%,呈现逐步回升态势。下半年受福喜事件影响,快餐业出现大幅度下降,使得原本逐渐复苏的大众餐饮市场又迅速降温,1~11 月累计增速降至 5.2%,比上半年回落 2 个百分点(见图 2)。

(2) 非公经济增速领先,国有、集体经济平稳发展

随着非公经济在上海加速扩张,消费品市场中,以外商投资为代表的非公商业经济在竞争中不断发展壮大,增速领先。2014 年 1~11 月,非公商业经济共实现零售额 7 423.86 亿元,比上年同期增长 8.9%,占社会消费品零售总额 93.3%,成为推动消费品市场增长的主要力量。其中,外商投资商业经济实现零售额 1 471.16 亿元,增长 15.4%,增速居首位;私有、港澳台商业经济增速位居其后,分别实现零售额 1 894.89 亿元和 1 173.01 亿元,增长 8.8%和 7.5%。国有和集体经济平稳增长,前三季度共实现零售额 535.61 亿元,增长 6.1%。

(3) 穿、用的商品销售活跃,吃、烧的商品增速平稳

2014 年以来,受物价上涨、品牌升级调整及时尚品牌快速增长等因素影响,全市穿、用的商品销售快速增长。1~11 月,穿、用的商品分别实现零售额 1 094.13 亿元和 4 472.56 亿元,比上年同期增长 14.6%和增长 9.5%,增幅比全市高 5.9 个和 0.8 个百分点。吃、烧的商品增长平稳,分别实现零售额 1 774.95 亿元和 617.81 亿元,增长 5.2%和 3.9%。

(4) 消费结构升级,耐用商品销售旺盛

随着人们生活水平的不断提高,居民消费高档化、品牌化、时尚化倾向日益增强。一是 2014 年以来,4G 产品的快速发展和 iPhone 等通信产品、电脑更新换代带动了消费品市场销售。1~11 月,上海通信器材类和文化办公用品类(主要是电脑及平板电脑)商品分别实现零售额 189.77 亿元和 241.9 亿元,比上年同期增长 19.4%和 9.5%。二是市民消费观念不断更新,个性化、时尚化商品成为人们尤其是年轻人追求的目标。1~11 月,上海化妆品、家电类商品分别实现零售额 327.6 亿元和 468.52 亿元,增长 17.2%和 10.1%。三是经济条件转变使人们在讲究饮食、关注衣着和追求娱乐的同

时,越来越向往健康享乐型生活方式。1～11月,中西药品类商品实现零售额 376.17亿元,同比增长 11.4%;汽车类商品实现零售额 1 850.99亿元,增长 13.2%。

（5）城市化进程加快,郊区商业优势凸显

随着交通建设的推进和新农村、新郊区建设步伐的加快,上海郊区商业快速发展。国际品牌直销店、购物中心等多种新型业态进驻郊区,使郊区商业已基本形成多层次、开放式的市场体系。随着近年来居住的郊区人口比例越来越高,郊区购买力水平明显提升。2014年前三季度,8个郊县(不包括浦东新区)共实现零售额 2 720.01亿元,比上年同期增长 10.6%,增幅比全市高 1.9个百分点,比 8个中心区(不包括浦东新区)高 6个百分点。浦东新区实现零售额 1 185.99亿元,增长 8.7%,也略高于全市平均水平。

3. 消费品市场发展亮点

（1）节假日促销活动,推动消费增长

2014年,商业企业抓住节假日商机,积极策划开展营销促销活动,促进节庆消费上升,推动消费增长。据上海市商务委抽样调查数据统计,2013年岁末至 2014年元旦两天,样本企业实现营业收入 43.50亿元,比上年同期增长 9.8%;春节节日销售 46.78亿元,增长 5.5%;劳动节 3天(5月1日～3日)共实现营业收入 32.98亿元,增长 10.7%;国庆节前、节中 14天(9月24日～10月7日)共实现营业收入 109.07亿元,增长 9.5%。各大节假日除春节外增幅均高于 1～11月全市社会消费品零售总额增速。

（2）积极调整经营方向,餐饮消费回归理性

"八项规定"执行以来,公款消费急剧减少,曾一度对上海高档餐饮造成较大冲击。2014年,高档餐饮企业,加快调整步伐,通过调整菜品结构,提升产品和服务的品质,挖掘潜在需求,促进多元化经营,积极效应逐渐显现。其中,贴近老百姓生活的大众餐饮消费小吃及快餐企业均实现较快增长,饮料冷饮及其他餐饮企业增势更为强劲。据统计,1～11月上海住宿餐饮企业餐饮收入达 739亿元,比上年同期增长 5.2%。其中限额以上小吃及快餐企

业分别实现餐饮收入 2.85 亿元和 70.82 亿元,增长 13.9％和 7.6％;饮料冷饮及其他餐饮企业实现餐饮收入 44.01 亿元和 13.52 亿元,增长 22.5％和 11％。

(3) 电子商务快速发展,促使无店铺零售迅速增长

近年来,上海积极探索电子商务发展之路,充分发挥电子商务在扩大消费、调整经济结构、促进转型发展中的引领作用,电子商务快速发展。2014 年 1～11 月上海电子商务交易额达 1.18 万亿元,增长 28.8％。其中,无店铺零售额达 860.95 亿元,增长 22.3％,零售额增幅高于全市平均水平 13.6 个百分点。而网络购物发展则更加迅速,实现零售额 738.13 亿元,增长 25％,增速比无店铺销售高 2.7 个百分点。

4. 消费品市场存在的主要问题

(1) 受制于宏观经济形势放缓

从宏观经济看,2014 年我国经济仍处在深度调整过程中,上海经济稳中趋缓,房地产市场调整持续、实体经济提振乏力,加上价格压力、成本上升、食品安全等诸多因素,在一定程度上影响了居民消费信心和消费预期。此外,2014 年国家无较大刺激消费政策的出台,市场上缺乏热点商品,一定程度上抑制了消费增长。

(2) 传统业态销售下降

电子商务快速发展,不仅改变着人们的消费方式,而且提高了商业运作效率,降低了经营成本,加之网络媒体新兴的团购、电视电话购物以及跨境交易模式等,在一定程度上分流了本地居民的消费需求。此外,传统商业企业实体店销售增速放缓,人工、租金等经营成本却在快速攀升,其盈利能力大为减弱,营业利润不断下降。尤其是大型超市、百货店、专业店等主要传统业态增长乏力,销售均出现下降。2014 年 1～11 月,限额以上零售法人企业中,有店铺零售企业增长缓慢。其中,大型超市实现零售额 719 亿元,比上年同期下降 4％,百货店和专业店分别实现零售额 508.88 亿元和 833.91 亿元,下降 3％和 1.1％。

（3）网购增速逐渐回落

2014 年，随着上海网络购物的发展，无店铺零售依旧是发展最快的业态，成为市场增长的亮点之一。但由于近几年发展迅速，基数不断扩大，再加上市场竞争趋向激烈，导致无店铺零售增速逐步下滑。2014 年 1～11 月，无店铺零售额比上年同期增长 22.3％，增速分别比上半年和 1 季度回落 4.1 个和 10.2 个百分点，比 1～9 月增长 0.6 个百分点，增速逐渐回落。尤其是 3 季度，随着易迅网业务调整，拖累了电商规模的进一步扩大，当季无店铺零售额仅增长 13.8％。

（4）石油、日用品类商品销售增长乏力

2014 年受国际油价影响，我国成品油价格呈现先升后跌，7 月开始持续下跌，11 月迎来"八连跌"，石油及制品类商品增幅波动明显。1～11月，上海石油及制品类商品实现零售额 610.03 亿元，比上年同期增长 3.7％，增幅比全市社会消费品零售总额增幅低 5 个百分点，销售增长乏力。其中 1 季度实现成交额 149.36 亿元，同比增长 2.9％，2 季度、3 季度分别实现成交额 170.53 亿元和 179.18 亿元，增长 7.1％和 2.7％。网络交易平台的发展，以其丰富的商品种类、优质的价格、快捷便利的服务，吸引了大量消费者。由于部分网络公司不在上海，势必在一定程度上分流上海传统商业大型超市及连锁店等客户群体，导致日用品等生活必需品类商品销售下滑，成交额大幅下降。1～11 月，日用品类商品实现零售额 414 亿元，同比仅增长 1.6％，增幅比全市社会消费品零售总额低 7.1 个百分点。

（5）黄金、建筑装潢材料类等商品销售回落

黄金消费市场在 2013 年迅速增长之后需求量出现大幅下降。2014 年，国际黄金价格一路走低，黄金市场消费疲软，由于 2013 年高增长使得基数增大，金银珠宝类商品销售持续回落。1～11 月，上海金银珠宝类商品实现零售额 243.24 亿元，比上年同期下降 13.4％，而上年同期增幅超过 50％；楼市调控政策和地方限购令对房地产市场的抑制作用持续显现，房地产业经营发展进一步放缓，建筑装潢材料类商品销售受其负面影响依然较大，1～11 月实现零售额 35.65 亿元，比上年同期下降 14.2％。

二、 2015 年上海消费品市场发展趋势

1. 总体判断

2015 年,国际经济环境依然复杂多变,全球经济仍将处于结构调整之中,保持低速增长的态势。国内经济处于三期叠加的调结构、转方式、促改革的新常态,区域不平衡、产能过剩、房地产持续调整等矛盾将进一步凸显。上海商业受整体经济运行影响,仍然面临许多不利因素的挑战。但随着改革进一步深入,稳增长效应将不断显现,消费品市场仍将保持平稳增长。

2. 2015 年上海消费品市场发展的有利因素

(1) 政策环境影响将有助于扩大消费

2015 年,随着国家宏观调控政策进一步深入,稳增长、促改革、调结构、惠民生等经济转型政策的持续发力,宏观经济运行将保持在合理区间。尤其是上海自由贸易试验区设立及运营,将有利于进一步扩大改革开放,吸引外资、内资,促进贸易活动,推动政府职能转变将有助于上海商业转型升级,扩大流通规模、提振消费信心,推动内外贸一体化发展。

(2) 消费相关性指标出现稳定或好转将有利于促进消费

2014 年,上海经济受多方面影响,主要经济指标波动,但稳中有进格局未变,一些消费相关性指标出现稳定向好或好转。前三季度,上海城市和农村居民家庭人均可支配收入比上年同期分别增长 9.1%、10.8%,增速比上年同期提高 0.6 个和 1.3 个百分点;11 月末,上海城镇登记失业人数为 24.84 万人,同比减少 1.27 万人;1～11 月,上海商业固定资产投资总额完成 472.97 亿元,同比增长 16.1%。其中:商业营业用房建设投资 421.87 亿元,同比增长 26.4%,增幅高于房地产开发投资增速 13.5 个百分点。消费相关基础性指标出现稳定或好转,将进一步促进消费增长。

(3) 商业转型升级将有利于推动消费

目前上海传统零售企业在转型发展道路上已迈出了坚实步伐。各大零售企业在压力面前主动或者被动地进行转型,通过建立平台、采用O2O等电子商务模式带动网上网下融合,助推企业转型升级。随着《关于加快上海商业转型升级提高商业综合竞争力的若干意见》的公布和实施,将进一步加快推动上海商业电子商务化,促进电子商务交易和专业平台发展,加快电子商务技术和模式的创新,进一步提升上海商业对外开放水平,引导商业企业拓展和利用国际国内两个市场、两种资源,开展包括资本合作、品牌共享、技术交流、管理创新、网络互通等灵活多样的国际交流与合作,引进和消化吸收国际商业先进理念、新兴技术、新型业态、管理方式和运作模式,带动商业转型升级。

3. 2015 年上海消费品市场发展需要关注的问题

(1) 经济形势严峻,影响居民消费信心

欧美国家经济恢复缓慢,经济格局分化势头仍在延续,国际市场需求疲软,不利于上海商品出口、引进外资和工业生产增长;国内经济增速下行压力依然存在,企业人员工资、运输费用等刚性成本不断上涨,水费、电费等经营性费用日益增加,经营难度持续加大,直接制约着企业的发展。同时国家"八项规定"出台和贯彻反对浪费、厉行节约的精神,公款消费明显减少。此外,居民收入增长趋缓,住房、医疗、教育支出加大等因素的影响,居民消费预期不高,扩大消费难度加大。

(2) 影响消费意愿因素较多,抑制居民即期消费

一是以食品为代表的生活必需品价格上涨压力仍然存在,1～11月,居民消费价格指数、零售物价指数分别比上年同期上涨 2.7% 和 0.8%,居民生活成本不断上升,对居民的消费心理带来负面影响。二是受 7 月下旬福喜食品卫生事件影响,快餐业销售明显回落,并出现了大幅度下降,使得原本逐渐复苏的大众餐饮市场迅速降温,其影响在短期内难以完全消除,在一定程度上制约消费增长。三是以余额宝为代表的网络金融发展加快,加上银

行推出的各类理财产品,许多居民纷纷将手中的"余钱"转入各类互联网理财产品和银行推出的高收益理财产品,截至 11 月底,全市居民个人存款达 2.33 万亿元,比年初增加 2 27.01 亿元,从而影响居民消费预期。

(3) 网络购物快速发展,在一定程度上分流了本地消费

网络购物改变了人们的购物模式和消费行为。网购商品从日常生活用品到家电、家具、装饰装潢材料、电脑、手机、书报杂志等应有尽有,销售面越来越广。由于部分网络公司不在上海,在一定程度上分流了本地消费;再加上网上价格低于实体商业,部分传统商业企业转型缓慢,造成百货、超市企业客流减少,销售下降明显,因此也在一定程度上分流了传统商业企业的销售。

(4) 汽车类消费趋缓,对消费市场拉动力减弱

2014 年 1~11 月,上海汽车类商品实现零售额 1 850.99 亿元,比上年同期增长 13.2%,增幅比当期社会消费品零售总额增幅高出 4.5 个百分点,对消费品市场拉动明显。这一方面得益于居民旺盛的购车需求,另一方面得益于二手车交易的活跃。但随着上海 2014 年 11 月 1 日二手车市场牌照买卖政策出台,二手车牌照买卖将纳入统一的拍卖平台与新车额度一起进行公开竞拍,此项政策实施或将影响到上海汽车市场销售;再加上政策实施前二手车市场井喷式增长带来的高基数,对 2015 年消费品市场的拉动作用将有所减弱。

(5) 奢侈品消费外流,本地购买力减弱

随着居民生活水平的提高,出境游成为越来越多人们的选择,出境购物尤其是购买奢侈品已成为许多国人境外游的主要目的。据统计,2014 年 1~11 月,上海共有 783.91 万人次出境游,比上年同期增长 22.6%。如此庞大的消费群体,导致大量高额消费外流。据世界奢侈品协会统计,仅 2014 年春节七天,中国人在境外奢侈品消费累计达 69 亿美元,而国内奢侈品消费总额仅约 3.5 亿美元。此外周边省市高收入人群节日出境旅游,也将进一步影响上海高端商品的销售增长。

三、 促进 2015 年消费增长的对策建议

2015 年国际国内经济形势依旧严峻,上海消费增长客观上面临着短期

因素制约,但中长期看,通过转型升级,调整需求结构、转变发展方式及改善收入预期,消费需求将会得到进一步释放。为此,需有关方面加大力度推进转型发展,挖掘市场新的增长点,进一步促进消费增长。

1. 加强消费引导,促进消费增长

要继续发挥政策对消费的拉动作用,要树立市场意识,真正做到以企业为主体,以市场为导向。政策应立足于引导效应,将着力点放到国家大力扶持的产业和领域,比如继续加快培育文化领域消费热点,积极引导住宿餐饮行业企业加快转变经营理念和经营模式,鼓励绿色消费,促进信息消费,拉动国内有效需求,推动经济转型升级。

2. 积极培育新的消费热点,开拓新型消费领域

针对市场消费特点,按照国家宏观调控方向,完善养老、健康、教育、文化等服务消费的政策,加大旅游消费、家政服务、信息消费等消费热点的培育力度,鼓励商业企业发展体验式消费、无店铺消费、定制消费等新型消费模式,促进新型电子产品、智能家电、节能环保汽车、环保家居建材等绿色循环消费,以形成有效、持续的消费热点,带动相关行业的发展。

3. 鼓励企业发展电子商务,促进电子商务应用

积极引导企业特别是中小企业利用电子商务平台开展网络营销,创新服务模式;支持百货商场、连锁企业、专业市场等传统流通企业依托线下资源优势开展电子商务,实现线上线下资源互补和应用协同;组织网络零售企业及传统流通企业开展以促进网络消费为目的的各类网络购物推介活动。在鼓励企业发展电子商务同时,培育和引进一批应用大数据、云计算、移动互联网等新兴技术的电子商务企业。推进网络电子发票试点、跨境电子商务试点等业务,促进内外贸一体化。鼓励购物网站、快递企业等与便利店合

作发展"网订店取"业务。

4. 加强规划建设,加快转型升级

结合《上海市商业网点布局规划总体纲要(2009～2020)》,加快商圈、商业街区结构调整,限制超大型和大型商业网点的过度建设,注重功能定位、业态配比、品牌引进,形成竞争差异化、功能特色化。推动商业传统经营模式转型,鼓励发展自有品牌、直接采购或自营购销等新型经营模式。经营企业要根据政策变化,及时调整经营策略,在拓展商品范围、扩大消费领域、提高服务质量上下功夫,增强市场竞争力。

5. 营造安全、绿色的消费环境,提升消费者信心

随着居民消费水平和消费能力的提高,对消费的品质提出了更高的要求。首要是保障消费安全,特别是加大对食品、药品等消费品的安全保障措施,提高居民的消费信心。各部门应通力合作,严格监管,控制源头,对有问题的企业和单位进行定期检查,加大违法惩治力度,对违法者和潜在违法者形成强有力的威慑作用。逐步构建诚实、守信的生产和销售体系,保护消费者安全,保证消费需求健康发展。

2014 年上海对外贸易评估与 2015 年预测

2014 年,世界经济稳定在复苏轨道,国内经济运行在合理区间,转型发展阵痛与自贸区改革活力交织,上海外贸发展呈现阶段性特点。在宏观政策与多种积极因素的驱动下,上海进出口告别低迷走势,低速平稳增长有望成为未来新常态。

一、 1~11 月上海外贸进出口整体情况

1. 外贸规模逐季扩大,进口额大于出口额

2014 年 1~11 月,上海实现外贸进出口总额 4 235.1 亿美元,比上年同期增长 5.4%。其中,进口额 2 319.61 亿美元,增长 7.8%;出口额 1 915.49 亿美元,增长 2.6%。从外贸规模走势看,1 季度、2 季度和 3 季度上海市外贸进出口总额分别为 1 095.42 亿美元、1 141.91 亿美元和 1 193.69 亿美元,2 季度、3 季度环比增速分别为 4.2% 和 4.5%,呈现稳定增长态势。从净出口方面看,受总

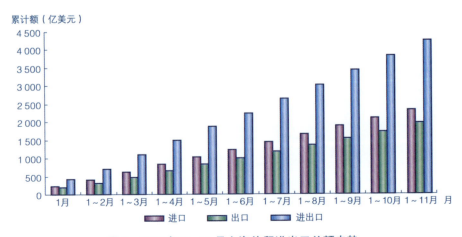

图 1　2014 年 1~11 月上海外贸进出口总额走势

部经济采购全球化、第二产业陆续迁出等因素影响,1~11 月上海市外贸进口额持续大于出口额(见图 1),外贸逆差 404.12 亿美元,相当于进出口总额的 9.5%。

2. 进出口增速减缓,进口增长快于出口

从全年累计增速看,上海市进出口从较快增长转为稳定增长,进口增幅逐月收敛,出口增速先逐月走高再回落趋稳。前 3 个季度上海进出口累计增速分别为 8.2%、8.2% 和 5.8%。在经历了上半年较快增长后,受出口增速减缓等因素影响,3 季度进出口累计增幅比上半年收窄 2.4 个百分点。其中,1 季度、上半年和 1~3 季度的进口累计增速分别比出口高出 19.5 个、8.5 个和 6.2 个百分点,差距逐季缩小(见图 2)。2014 年以来,上海进口增长较快的主要原因:一是内需刺激政策拉动了企业原材料和能源的进口数量;二是上海作为经济发达地区,居民偏好进口消费且增长明显,跨境贸易便利化使得产品消费层次从高端奢侈品延伸至家居日用等生活必需品。相比之下,上海外贸出口企业面临原材料价格上涨、劳动力成本高企以及贸易摩擦等诸多压力,制造加工业也处于产业转型期。

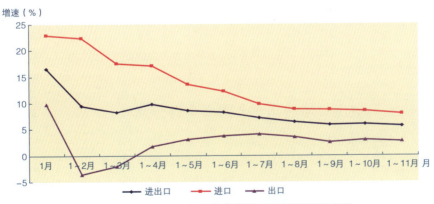

图 2　2014 年 1~11 月上海外贸进出口累计增速走势

3. 上海自贸试验区进出口增速高于全市平均增速 4.1 个百分点

2014 年 1~11 月,上海自贸试验区实现外贸进出口总额 1 125.16 亿美

元,占全市总额的 26.6％。其中出口 300.96 亿美元,占 15.6％;进口 824.21
亿美元,占 36％。从进出口累计增速看,1～11 月上海自贸试验区进出口增
速为 9.5％,比全市增速高出 4.1 个百分点,对全市进出口增速有明显提升作
用(见图 3)。上海自贸试验区进出口增势良好的主要原因:一是以贸易便利
化为重点的贸易监管制度平稳运行,大大缩减了贸易商的通关成本,出口平
均通关时间较区外节省 36.8％,降低企业成本 10％左右;二是以负面清单为
核心的投资管理制度,引发新一轮外商投资热情,新设外商投资企业数比上
年同期增加近 10 倍。此外,金融服务创新和政府监管职能改变对上海自贸
试验区进出口的正面影响也在逐步释放。

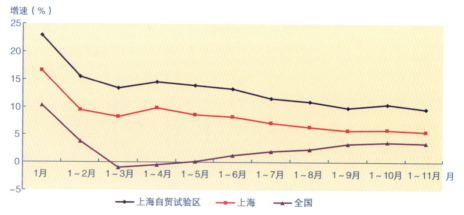

图 3　2014 年 1～11 月上海自贸试验区、上海全市与全国进出口累计增速走势比较

4. 上海进出口增速高于全国 2 个百分点

2014 年 1～11 月,上海实现外贸进出口总额 4 235.1 亿美元,占全国外
贸总额的 10.9％。其中出口 1 915.49 亿美元,占 9.1％;进口 2 319.61 亿美
元,占 13％。从进出口累计增速看,1～11 月上海市进出口增速为 5.4％,比
全国增速高出 2 个百分点(见图 3)。上海进出口增势良好的主要原因:一是推
动跨境电子商务监管制度创新,优化商品进出境报关、检验检疫、结汇、退税等
环节的监管和服务;二是亚太营运商计划加快,集聚了一批具有采购、营销、结
算、品牌培育等功能的贸易主体,并支持跨国公司在沪设立亚太分拨中心;三

是试点货物状态分类监管模式,研究建立第三方检测结果采信制度。

值得关注的是,上海外贸虽然在增速走势上与全国大体保持一致,但从净出口方面看,上海净出口情况与全国相反。全国外贸呈现顺差状态且出口增长快于进口,上海外贸逆差且出口增长慢于进口,可见除了数量方向上的差异,上海外贸在进出口结构上也有自身特点。

二、 1~11 月上海外贸进出口结构分析

1. 一般贸易进出口占比近半,加工贸易降幅明显收窄

受劳动密集型产业外迁和产业升级影响,2014 年 1~11 月上海一般贸易进出口额 1 996.61 亿美元,增速从上年同期的 7.5% 提高到 9.1%,占全市进出口总额的比重为 47%(见图 4),比上年同期上升 2 个百分点。一般贸易比重增加,不仅使生产企业的利润空间增大,还带动了整个产业链的发展,促进产业升级。产品附加值提高和价值链去低端化,使得加工贸易以进料加工为主,1~11 月上海加工贸易进出口额 1 172.2 亿美元,其中占比 94.5% 的进料加工贸易降速减缓,从上年同期下降 7.9%,变为下降 0.5%,整个加工贸易降幅收窄 7.4 个百分点。

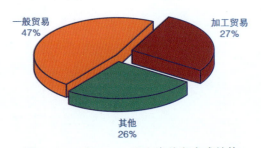

图 4 2014 年 1~11 月上海外贸方式结构

2. 技术密集型商品出口和资本密集型商品进口增长迅速

受加工制造业转型升级影响,上海外贸商品结构中,技术密集型商品出口增长和资本密集型商品进口增长都明显高于劳动密集型商品出口和进

口。出口方面,1～11月累计出口额中,集成电路出口规模位居第三,同比增长 13.8%;电话机出口居第四,增长 38%;船舶出口居第六,增长 15.4%;钢材出口居第八,增长 20.8%。相比之下,劳动密集型商品出口基本维持原有规模,例如服装及衣着附件出口,仅小幅增长 0.7%。出口商品由低附加值向高附加值、高技术含量转变,将提高出口部门的全要素生产率,加快人力资本积累,并通过知识技术溢出推动相关服务业发展。进口方面,1～11月累计进口额增长最快的是汽车及整套散件(进口规模居第二位),同比增长 53.9%,其次是飞机,同比增长 38.8%,医药品和未锻造铜材进口分别增长了 23.2% 和 10%。大型先进机器设备、能源原材料以及资源性产品的进口增长,有利于产业结构的优化。

3. 外商投资企业进出口占比近七成,私营企业进出口增速高于全市平均水平

受上海自贸试验区外商投资利好政策影响,2014 年 1～11 月,上海外商投资企业进出口 2 808.46 亿美元,同比增长 6.8%,占全市进出口总额的 66%(见图 5),进出口规模分别是国有企业、私营企业的 4.4 倍、3.8 倍。贸易主体结构呈现积极变化,外商投资企业占据主导地位的同时,私营企业所占比重逐年上升,由 2010 年的 12.5% 上升到 2013 年的 15%,2014 年该比重继续攀升,1～11 月累计占比达 17%。同时,私营企业增速也表现出良好增势,1～11 月同比增长 8.6%,增速不仅比全市平均水平高出 3.2 个百分点,也比外商投资企业高出 1.2 个百分点。私营企业对外贸易的不断发展与壮大,使上海外贸主体结构日趋合理,这有利于避免因过度依赖外商投资企

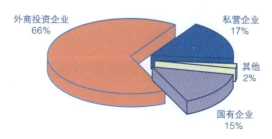

图 5　2014 年 1～11 月上海外贸主体结构

业带来的输入型经济波动。同时,私营企业的生产经营更具灵活性,能有效地适应市场需求变化,对于提升居民生活水平、缓解就业压力以及维护社会稳定和谐等具有重要意义。

4. 自欧美日进口增速大于出口,与新兴市场贸易往来增强

欧美日是上海的传统贸易伙伴,进出口额合计占比一直保持在 50% 以上,贸易的商品类别主要是大型机械设备和技术密集型商品。具体来看,进口方面,2014 年 1~11 月,上海自欧盟进口增长 16.9%,自美国、日本进口也分别增长了 13% 和 3%;出口方面,1~11 月,上海对欧盟出口增长 6.9%,对美国、日本出口则分别下降 2.8% 和 6%。周边国家、新兴市场国家和地区与上海的贸易关系增强,1~11 月进出口额占比已攀升至 20% 左右。双边贸易商品以技术密集型商品和劳动密集型商品为主,并保持较快增长。例如,1~11 月上海自韩国进口增长 9.9%,对香港进出口增长 11.8%。市场多元化程度的显著增强,将使上海外贸进出口减少对传统市场的依赖,掌握外贸主动权,分散贸易风险。

三、 2014 年全年上海外贸趋势预判及 2015 年形势展望

展望 2014 年全年及今后一段时期,我们对上海外贸进出口形势持谨慎乐观态度。综合判断,2014 年上海外贸进出口增速将高于 2013 年 4~5 个百分点左右。

1. 进出口有望保持稳定增长

(1) 世界经济尽管存在较多不稳定因素,但发达经济体缓慢复苏势头明显,总体上好于 2013 年

美国经济逐步回归稳定增长轨道,英国经济增速加快,预计经济增速普遍将超过 2013 年。根据国际货币基金组织(IMF)的预计,2014 年世界经济

将增长 3.6％,快于 2013 年的 3.0％。发达经济体预计将增长 2.2％,比 2013 年加快 0.9 个百分点。展望 2015 年,世界经济将增长 3.8％,发达经济体经济增长势头加快,预计增长 2.3％。其中,美国经济增长 3.1％,加快 0.9 个百分点;欧元区经济增速从 2014 年的 0.8％提高至 1.3％,将有利于以欧美为主要贸易伙伴的上海外贸。

(2) 国内经济长期向好的基本趋势维持不变

产业结构、区域结构、收入分配结构进一步改善,提升了外贸增长潜力。工业化、信息化、城镇化、农业现代化的深入推进,将扩大进出口需求规模,对外贸增长形成有力支撑。同时,上海自贸试验区运行、海陆丝绸之路经济带战略进入实施阶段,将直接或间接地为上海对外贸易创造新的增长空间。此外,国务院出台了《关于支持外贸稳定增长的若干意见》,支持外贸稳定增长、加强进口等政策措施的深入落实,将有利于上海优化外贸结构、改善外贸环境和增强外贸企业竞争力。同时,2014 年以来人民币改变单边升值预期,截至 11 月 20 日人民币对美元即期汇率已贬值 16 个基点,会在一定程度上改善出口状况。

(3) 上海扎实推进对外贸易、吸引外资、对外经济合作等工作

外贸方面,鼓励大型外贸综合服务企业加大自主品牌开发和营销力度;支持外贸企业建立健全海外营销网络平台和服务体系;争取商务部支持,在自贸试验区开展平行进口汽车试点,推动取得试点资格的企业尽快开展高端维修业务;推动服务贸易公共平台功能提升,加快发展技术贸易和新兴服务外包产业,探索金融服务外包业务创新。外资方面,完善总部政策体系,支持总部功能和实体运作在沪的"准总部"发展,吸引跨国公司亚太区总部和业务全球总部落户;开展"自贸区外资综合信息平台"项目建设,推动"上海—滇中新区产业转移促进中心"成立。对外经济合作方面,推动国有企业加快国际化,培育国有本土跨国公司;研究打造民营企业"走出去"桥头堡配套政策;推行以备案为主的对外投资管理模式,促进对外投资便利化。

2. 出口增长仍面临较多制约,对于出口形势不能过于乐观

(1) 部分与上海经济往来密切的新兴经济体,面临发展的不利因素

受外部环境不利(美联储退出宽松货币政策引发金融冲击)、自身经济

结构调整(产业结构陈旧单一、财政赤字)的双重影响,新兴经济体面临艰巨的结构调整压力。10 月份 IMF 报告预测,2014 年新兴和发展中经济体 GDP 增长 4.4%,较 6 月预测下调 0.1 个百分点;2015 年增速为 5%,较前次预测下调 0.2 个百分点。

(2) 地缘政治风险加大,给国际贸易带来威胁

2014 年以来,地缘政治形势跌宕起伏,叙利亚冲突、伊朗核危机、朝鲜半岛安全问题等原有地缘政治风险仍未解决,乌克兰危机、泰国政治混乱等新的重大地缘问题不断爆发,并引起美国、俄罗斯等大国进入对抗局面。中东地区持续动荡,"伊斯兰国"等极端组织在伊拉克等国兴风作浪,威胁地区稳定,若进一步扩大,还可能威胁全球石油供应安全。地缘政治风险正成为影响全球经济复苏的重要因素,并干扰区域贸易投资形势,引起大宗商品价格波动。

(3) 贸易保护主义尚未得到有效抑制

尽管世界经济增长有所起色,但不少国家失业率较高,国际市场竞争更加激烈。全球贸易摩擦依然高发,多边贸易体制遭遇新挫折。据世界贸易组织统计,金融危机以来,二十国集团成员出台的贸易限制措施中,约 80% 仍在实施,影响全球 4% 左右的进出口。尽管 2013 年底世贸组织达成巴厘岛一揽子协议,但由于一些成员态度消极,协议迟迟得不到落实,多哈回合再度陷入困境。与此同时,近年来主要经济体之间掀起商签自贸协定潮流,一些自贸协定可能导致世界贸易组织不同成员之间形成相对封闭的经贸集团,对协定之外的国家和地区产生不利影响。

四、 政策建议

1. 发展制造业和服务业外包,推进加工贸易升级和产业结构调整

印度曾借助于承接全球软件外包的独特优势,仅仅经过 10 年的发展历程,成为继美国之后第二软件大国,可见发展中国家或地区可以在比较短的时间内,通过产业技术创新,实现外贸方式变革和产业结构升级。上海作为

国内工业化发达地区和人才高地,面临着承接制造业外包和服务业外包的双重机遇。可在吸引制造业外包过程中,通过加工贸易的升级,促进工业结构的调整;并以制造业外包为依托,以信息技术外包为突破口,大力发展服务外包;在承接服务外包的过程中,促进区域内企业从与跨国公司的生产制造关联向技术关联转变,逐步实现自主创新,加速上海产业结构高级化进程。

2. 改善进出口商品结构,大力发展服务贸易

在进口商品结构优化方面,增加高新技术产品和关键技术设备的进口,充分获取技术外溢效应以促进上海制造业发展方式转变;加大低碳环保技术和设备的进口,适应发展绿色经济、循环经济的需要;继续扩大部分消费品尤其是高档消费品和新型消费品的进口,支持上海消费结构升级,刺激和推动区域内相关新型产业发展,同时制定政策法规逐步改善进口贸易环境。

在出口商品结构优化方面,既要对传统出口商品进行技术改造,提高其技术含量和附加值,又要引导建立以企业为主体、以市场为导向、产学研相结合的创新体系,提高企业技术研发和产品设计能力,培育国际品牌。此外,要大力发展服务贸易,一方面要扩大服务业整体开放力度,推动重点行业如金融保险、信息服务、文化产品、教育培训的出口;另一方面充分利用外资企业在新型服务贸易部门的示范效应、技术外溢效应,提高服务业整体经营和管理水平。

3. 优化外贸经营主体结构,促进私营资企业协调发展

为进一步提升上海外贸中私营企业的比重,可从以下三方面着手:一是继续推动加快清理和规范进出口环节收费,简化进出口流程,提高贸易便利化水平;二是鼓励进出口金融创新,拓宽外贸企业的融资渠道;三是通过贷款担保设立中小企业技术创新支持资金以及建立健全的知识产权保护体系,培育以技术、品牌、质量、服务为核心的外贸竞争新优势;四是支持跨境

电子商务、市场采购贸易、外贸综合服务企业等新型贸易方式和平台发展，推动外贸结构调整和转型升级。

4. 强化周边市场，注重与新兴经济体贸易往来

坚实的区域内贸易空间，会对整个外贸发展形成"保护膜"和"缓冲带"。无论是美国、德国，还是亚洲近邻的韩国，都把区域贸易作为整个贸易发展的基石。上海也有天然的可就近利用的外围市场（特别是韩国、日本和东盟）。为提高出口的本地附加值，专于高端制造，应强化经营和维护与周边国家的贸易互动，为企业利用区域性的垂直分工体系创造机会，同时也能分散输入性经济波动引发的外贸风险，实现既拥有外贸发展的缓冲带，又拥有外贸发展的延伸层。

在继续巩固美欧日等传统市场的同时，上海也应进一步开拓南亚、中东、中亚、南美、东欧等新兴经济体和发展中国家出口市场。一是充分利用上海与这些国家或地区的经济互补性优势，加大海外投资，通过国际承包工程、合作项目开发等方式带动技术和机器设备的出口；二是加大资源性产品的进口力度，尤其是石油、天然气的进口，来满足上海经济快速发展的能源需求供应；三是切实推进上海自贸试验区战略，在互惠互利基础上相互开放市场，推动企业"走出去"，扩大产品出口。

2014 年上海利用外资评估与 2015 年预测

2014 年 1～11 月,在世界经济整体逐步改善、国内经济缓中趋稳、中国(上海)自贸区建设稳步推进的背景下,上海利用外资继续保持健康稳步发展。利用外资在重质量、强功能、优环境、促转型等内涵式发展方面取得了一定成效。发达国家和地区投资快速增长,服务业引资结构不断优化,总部经济集聚效应凸显,自贸区吸引外资增速迅猛成为上海外商直接投资的基本特征。初步预计 2014 年,上海吸收外商直接投资合同金额将达320 亿美元左右,比上年增长约 28%;实到金额将达 183 亿美元左右,增长约 9%左右。

一、 2014 年上海外商直接投资基本情况与特征

2014 年 1～11 月,上海新签订外商直接投资合同项目 4 378 个,比上年同期增长 25%;签订外商直接投资合同金额 293.57 亿美元,增长 41.4%;实际到位金额 173.61 亿美元,增长 9.3%。

1. 合同金额前低后高

从 2014 年 1～11 月运行情况看,年初以来上海各月签订外商直接投资合同金额除 5 月凸显外,总体呈前低后高的走势,合同金额从 1 月、2 月的不足 20 亿美元到 11 月的近 30 亿美元;各月增幅除年初、年尾徘徊在10%～15%左右外,其余各月攀升在 28.5%～124.6%的高位区间。5 月,宝恒置业有限公司、上海旭弘置业有限公司、上海普新投资有限公司等几大房地产外资项目的集中签约使全市合同金额达 39.19 亿美元,为年内最高,合同金额比上年同期增长 84.2%(见图 1)。

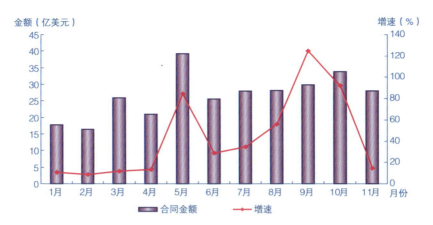

图 1　2014 年 1～11 月上海外商直接投资合同金额及增速

2. 实到金额稳中上升

2014 年 1～11 月，上海实际到位外资金额 173.61 亿美元，比上年同期增长 9.3%。从运行情况看，全年除 1、2、10、11 月处于年初节假和年尾观望期使实到金额规模处于低谷外，年中的 3～9 月实到外资稳步到位，月平均规模在 18 亿美元左右，远高于年初、年尾规模。9 月，上海新鸿基威万房地产有限公司大额外资实际注入，全市实到金额达 26.06 亿美元，增长44.6%，实到金额规模及增幅均创年内新高（见图 2）。

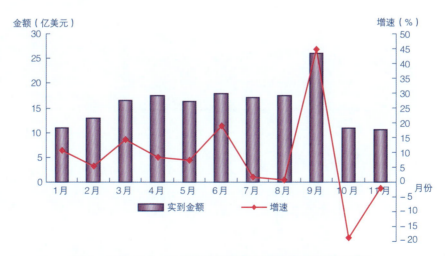

图 2　2014 年 1～11 月上海外商直接投资实到金额及增速

3. 服务业引资结构不断优化

2014 年 1～11 月,上海第三产业吸收外资持续快速发展,批发和零售业,租赁和商务服务业以及房地产业等行业吸收外资仍占第三产业较高比重;同时,金融业,交通运输、仓储邮政业,科学研究、技术服务和地质勘查业,信息传输、计算机服务和软件业等现代服务业的发展使上海服务业引资结构不断优化。

从合同签约情况看,2014 年 1～11 月,上海第三产业签订外商直接投资合同项目 4 271 个,比上年同期增长 27.1%;吸收合同金额 261.11 亿美元,同比增长 44.4%,合同金额占全市外商直接投资合同金额的 88.9%,比重比上年同期提高 1.8 个百分点,稳居主导地位。第二产业签订外商直接投资合同项目 102 个,下降 25.5%;吸收合同金额 20.15 亿美元,下降 14.9%,合同金额只占全市的 6.9%(见图 3)。

图 3　2001 年以来上海外商直接投资合同金额产业构成比重变化

在第三产业中,批发和零售业,租赁和商务服务业及房地产业依然作为支柱行业稳步发展。其中,批发和零售业签订合同金额 55.5 亿美元,比上年同期增长 34.1%,占第三产业外商直接投资合同金额的 21.3%;租赁和商务服务业合同金额 54.22 亿美元,增长 13.5％,占 20.8％;房地产业合同金额 50.57 亿美元,下降 4.4％,占 19.4％。

体现现代服务业的金融业签订合同金额 69.57 亿美元,增长 2.9 倍,占第三产业外商直接投资合同金额的 26.6％,比重比上年同期提高 16.9 个百分点;交通运输、仓储邮政业合同金额 8.16 亿美元,增长 1.7 倍,占第三产业的 3.1％,比重同比提高 1.5 个百分点;科学研究、技术服务和地质勘查业合同金额 7.7 亿美元,增长 1.3 倍,占第三产业的 2.9％,比重同比提高 1.1 个百分点;信息传输、计算机服务和软件业合同金额 7.22 亿美元,增长 29.2％,占第三产业的 2.8％(见表 1)。

表 1　2014 年 1～11 月上海外商直接投资合同金额行业分布情况

行　业	1～11 月(亿美元)	增速(％)	占三产比重(％)	比重同比变化(百分点)
利用外资合同金额	293.57	41.4		
第一产业	0.64	889.1		0.2
第二产业	20.15	−14.9		−4.5
＃工业	17.48	−25.1		−5.3
第三产业	261.11	44.4	100.0	1.8
＃批发和零售业	55.50	34.1	21.3	−1.6
交通运输、仓储邮政业	8.16	171.3	3.1	1.5
住宿和餐饮业	1.69	−32.6	0.6	−0.7
信息传输、计算机服务和软件业	7.22	29.2	2.8	−0.3
金融业	69.57	292.8	26.6	16.9
房地产业	50.57	−4.4	19.4	−9.9
租赁和商务服务业	54.22	13.5	20.8	−5.6
科学研究、技术服务和地址勘查业	7.70	132.0	2.9	1.1
居民服务和其他服务	4.08	−2.0	1.6	−0.7
卫生和社会工作	0.49	710.4	0.2	0.2
文化、体育和娱乐业	1.91	−15.5	0.7	−0.5

2014 年以来，上海签约的外资大项目主要有：上海五里置业有限公司、上海宝恒置业有限公司、上海旭弘置业有限公司的房地产开发经营项目，合同金额分别为 5.72 亿美元、5.5 亿美元和 3.7 亿美元；中海码头发展有限公司的货运港口投资项目，合同金额 4.04 亿美元；檀实融资租赁（上海）有限公司的金融租赁项目，合同金额 3.75 亿美元。

从实到外资情况看，2014 年 1～11 月，上海第三产业实到外资金额 156.08 亿美元，比上年同期增长 21.9％，实到金额占全市外商直接投资实到金额的 89.9％，比重比上年同期提高 9.4 个百分点；第二产业实到金额 17.5 亿美元，下降 43.4％，占 10.1％，比重同比下降 9.4 个百分点。

第二、第三产业实到金额比重差距在上年同期有所缩小的情况下再次拉大，比上年同期扩大了 18.7 个百分点（见图 4）。

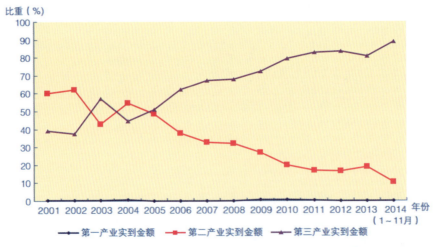

图 4　2001 年以来上海外商直接投资实到金额产业构成比重变化

在第三产业中，房地产和金融业实到资金增长快速，房地产业实到金额 82.46 亿美元，增长 1.2 倍，占第三产业外商直接投资实到金额的 52.8％，比重比上年同期提高 24.2 个百分点；金融业实到金额 11.28 亿美元，增长 51.5％，占 7.2％，比重比上年同期提高 1.4 个百分点。租赁和商务服务业以及批发和零售业实到资金均比上年同期有一定幅度回落，租赁和商务服务业实到金额 28.81 亿美元，下降 26.8％，占 18.5％，比重同比回落 12.3 个百分点;批发和零售业实到金额 18.44 亿美元,下降 35.5％,占 11.8％,比重同比回落 10.5 个百分点。

4. 外商独资仍为投资主要方式

2014 年 1～11 月,上海签订的外商独资合同项目 3 516 项,比上年同期增长 22.5％,占全市合同项目的 80.3％;独资合同金额 211.33 亿美元,增长 29％,占全市外商直接投资合同金额的 72％,比重同比回落 6.9 个百分点。签订的合资项目 850 项,增长 36.7％,占 19.4％;合资合同金额 66.55 亿美元,增长 88.4％,占全市外商直接投资合同金额的 22.3％,比重同比提高 5.7 个百分点。签订的中外合作合同项目 5 项,与上年同期持平;中外合作合同金额 1.9 亿美元,下降 64.3％。

2014 年 1～11 月,上海外商独资项目实到金额 144.77 亿美元,比上年同期增长 15.6％,实到金额占全市外商直接投资实到金额的 83.4％,比重比上年同期提高 4.6 个百分点;中外合资实到金额 21.81 亿美元,下降 14.9％,占 12.6％;中外合作实到金额 6.73 亿美元,增长 13.5％,占 3.9％(见图 5)。

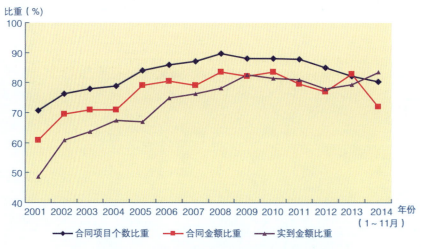

图 5　2001 年以来上海外商直接投资独资项目比重变化

5. 上海自贸试验区吸引外资增速迅猛

2014年1～11月，中国(上海)自由贸易试验区新设外资企业1 899家，比上年同期增长7.7倍，签订外商直接投资合同金额108.12亿美元，占全市外商直接投资合同金额的36.8％，合同金额比上年同期增长6.4倍，增幅远高于全市平均水平。

6. 中国香港来沪投资占主要地位

2014年1～11月，与上海签订外商直接投资合同的国家和地区共96个，其中，中国香港成为来沪直接投资主体，其签约的合同金额达188.05亿美元，比上年同期增长72.4％，占全市合同金额的64.1％，居签约国家和地区的首位。另外，新加坡、英属维尔京签约合同金额分别为19.04亿美元和12.96亿美元，增长64.8％和74.7％，各占全市合同金额的6.5％和4.4％，分居第二、第三位；日本、美国的合同金额分别为8.47亿美元和7.87亿美元，下降43.3％和9.1％，仅占全市合同金额的2.9％和2.7％，分居第四、第五位(见表2)。

表2　2014年1～11月上海合同金额超2亿美元的国家和地区

国别或地区	合同金额(亿美元)	增速(%)	比重(%)
总　　计	293.57	41.4	
＃中国香港	188.05	72.4	64.1
新加坡	19.04	64.8	6.5
英属维尔京	12.96	74.7	4.4
日　　本	8.47	−43.3	2.9
美　　国	7.87	−9.1	2.7
中国台湾	5.08	77.6	1.7
德　　国	4.04	11.6	1.4
荷　　兰	3.13	34.9	1.1
凯曼群岛	3.04	33.9	1.0
韩　　国	2.49	154.1	0.8

7. 总部经济集聚效应凸显

上海外向型经济所具有的强大"向心力"使上海成为外商重要的直接投资所在地。而大力发展总部经济是上海新一轮发展的战略部署,也是上海创新驱动发展、经济转型升级、转变经济发展方式的重要途径之一。借助上海的经济区位、人才、专业化服务及体制、政策等软硬件优势,作为聚集、整合和辐射优质生产要素的平台和载体,上海总部经济集聚区建设稳步发展。截至 2014 年 11 月末,上海跨国公司地区总部达到 487 家,其中当年新增 42 家,外资投资性公司达到 296 家,新增 13 家;外资研发中心达到 380 家,新增 14 家。

二、 2015 年上海利用外资趋势初步判断

2015 年,国际经济温和复苏,国内经济面向"新常态",上海转型驱动发展与改革开放进入深水区。面对国际资本流动、产业发展和美国量化宽松货币政策的退出,上海吸收国际投资面临着机遇,更面临着诸多挑战。

1. 优势与机遇

(1) 国内经济"新常态"为外商投资提供新机遇

当前,我国经济处于"新常态"发展过程中,其特点为经济从高速增长转为中高速增长;经济增长动力从政府投资让位于民间投资,出口让位于国内消费;经济结构避重就轻不断优化,服务业政策扶持力度不断得到加强。

"新常态"过程中我国将进一步扩大开放,推进区域全面经济伙伴关系协定,积极推动中日韩自贸区谈判,开展中国—东盟自贸区升级谈判等等,中国经济正以更为开放的姿态与国际相容、相通,为促进国内经济改革和转型创造新空间。与此同时,我国还将不断改善投资环境,注重从释放体制和机制红利等软环境来吸引国际、国内投资者的公平竞争。

相比世界部分国家和区域的经济脆弱性、政策不确定性和区域不稳定性带来的风险,中国相对稳定的政治经济环境、经济转型发展机遇、城镇化进程形成的庞大消费市场使外商投资充满信心。据近期美国知名科尔尼咨询公司调查显示,全球跨国公司高管仍对中国经济持乐观态度。在 2014 年全球最具吸引力的外商直接投资目的地排行榜中,中国稳居第二,仅次于美国。有 39% 的受访外国投资者对中国经济发展前景感到更为乐观,这一比例高于 2013 年的 38% 和 2012 年的 34%。而联合国贸发会议对各国投资促进机构和跨国公司做的抽样调研同样发现,2015 年中国仍然被视为是世界上最具吸引力的投资目的地。

(2) 中国(上海)自由贸易试验区红利助推外商投资热情

上海自贸试验区作为全国深化改革的新高地、全国对外开放的新标杆,成立一年来,自贸区"新政"的体制、机制和法制不断创新,形成了诸多与国际接轨的制度框架和一批可复制可推广的创新试验经验。

在上海自贸试验区四大制度创新中,以负面清单为核心的外商投资管理制度和以政府职能转变为导向的事中、事后监管制度是对外商直接投资准入最直接的制度创新,而以贸易便利化为重点的贸易监管制度和以资本项目可兑换及金融项目开放为目标的金融创新制度则为外资企业创造了更为良好的运营环境。

上海自贸试验区五大功能平台——跨国公司地区总部平台、亚太分拨中心平台、专业物流平台、高端现代服务业平台和功能性贸易平台的升级,迎合了自贸区吸引外资政策,为外资企业投资经营便利最大化再创条件。

2. 问题与挑战

(1) 世界经济发展缓慢复苏过程中的不稳定因素依然存在

2014 年,世界经济虽然缓慢复苏,但很多不确定、不稳定因素依然存在。美国逐步退出量化宽松政策,货币政策转向对国际资本市场和发展中国家经济的影响深远;欧债危机深层次影响尚未完全消除,新兴经济体通胀压力不减,经济触底后仍处艰难回升阶段;世界不同区域和不同经济体发展环境、条件和政策不同,市场多极化竞争激烈;世界局部地区战争与冲突隐患还未消除。

(2) 国内经济处于换挡期,经济发展面临多重制约

2014 年前三季度,中国 GDP 增速徘徊在 7.3%～7.5%之间,经济处于增速换挡期、结构调整阵痛期和前期政策消化期"三期叠加"的阶段,虽然形势总体向好,但稳中有忧、稳中有险,经济发展仍面临多重制约,突出表现为外需总体不足和内需预期不稳、传统产业产能过剩和新兴产业支撑不足、结构调整难度加大和经济内生动力不足,稳增长、调结构压力较大。

(3) 上海开放型经济建设面对国际规则变动、外商诉求和地方经济竞争新局面

上海自贸试验区建设为上海加快形成与国际投资贸易规则相衔接的制度体系提供了难得的契机。但同时,国际贸易规则与方式、国际产业竞争与合作态势正在发生重大变化;外资企业在行政许可、知识产权保护、国民待遇、透明度、投资限制等方面的诉求日益增长;国内其他地方经济的快速发展等新局面都对上海开放型经济建设提出了新要求。

3. 初步判断

综合考虑 2014 年以来外商来沪直接投资发展状况、上海"十二五"总体发展目标、世界经济不确定因素以及上海自贸试验区建设等对投资者决策带来影响等诸多方面因素,对 2015 年外商来沪直接投资发展趋势作初步预测:2015 年,上海外商直接投资合同金额将达 350 亿美元左右,增长 8%～10%左右;实际到位金额约 200 亿美元,增长 8%～9%左右,占全国的比重约为 15%。同时,吸收外资质量和效益有望进一步提高,外商投资继续走在全国前列。

三、 2015 年进一步推进上海利用外资工作的对策建议

1. 深化改革、勇于创新,不断完善投资软环境

上海城市基础设施建设、劳动力资源等优势明显,政府职能的改变和提

高正在显现,面对外商提出的对上海完善的投资环境、透明的法律环境、高效便利的行政环境、平等竞争的市场环境等新要求和切实保障投资经营合法权益与知识产权保护等的呼声,上海有关部门必须进一步深化体制和机制改革,细化落实改革和创新方案,不断完善投资软环境。

2. 进一步放开市场准入,促进产业结构调整升级

近年来,上海具有现代经济特征的生产性服务业,各类功能性总部和分支机构、研发中心、营运基地,建筑设计、会计审计、商贸物流、电子商务等服务业迅速发展,新兴服务业已经成为推动城市经济发展的重要动力。但目前国家对这些领域的投资规模相对较小,市场准入相对缓慢。为促进产业结构调整升级,上海要充分发挥自贸区机制、法制、政策创新优势,进一步放宽外商直接投资准入领域,积极引导外商来沪投资新兴服务行业。同时,在税收等经营政策上要落实配套措施,不断优化上海服务业的发展环境。

3. 助力外资总部经济能级不断提升

总部经济作为一种经济形态已经成为城市经济发展的重要增长极。上海国际化都市环境,上海自贸试验区建设的开放与创新优势为外资总部经济的发展打开了广阔空间。上海应不断完善跨国公司地区总部、投资性公司和研发中心政策体系,聚焦研发、投资、结算等核心功能,促进营运中心、结算中心、数据中心等外资功能性机构集聚发展,为总部机构提供更为便利的跨境资金管理和运营管理环境,鼓励设立亚太区总部、亚太营运中心,提高总部机构调配资源能力。

4. 应对美国宽松货币政策退出,加强跨境资本流动性监管,保持经济稳定增长

全球经济一体化的今天,世界经济主体美国退出宽松货币政策对世界

经济影响深远,特别是对发展中国家的冲击显而易见。因此形成的跨境资本流动变化对中国的影响由于资本项目尚未完全开放而不会遭受太大冲击,但对我国资本流动性压力、人民币汇率变动影响在所难免,会给我国货币政策带来新挑战,给外汇储备管理增加难度。为有效防范我国金融风险,有关部门必须高度关注跨国公司资本流向,监测国际短期资本流动真实性及热钱异动,加强跨境资本流动性监管,建立完整的跨境资本流动监测体系等措施来保持国内经济稳定增长。

分 报 告

产业篇

2014 年上海农业评估与 2015 年预测

2014 年，上海认真贯彻落实中央 1 号文件和市农村工作会议精神，紧密结合上海实际，以加快转变农业发展方式、提高农业生产效率为主线，坚持走规模化、科技化、设施化道路，着力推进都市农业现代化发展。总体来看，2014 年前三季度，天气条件整体有利于农业生产，地产主要农产品生产供应有序，农产品生产者价格保持低位运行，上海农业发展继续保量提质。

一、 2014 年上海农业发展概况和分析

1. 上海农业发展稳步推进

(1) 农业经济总量规模稳定

2014 年前三季度，上海实现农业总产值 200.96 亿元，同比增长 3.6%（按可比价格计算，下同）。农林牧渔及服务业五大业产值"三增两降"（见表 1）。其中，渔业产值增长最快，主要原因是远洋捕捞形势喜人。前三季度，上海实现农林牧渔业增加值 72.54 亿元，增长 3.5%。

表 1　2014 年前三季度上海农林牧渔业总产值

指　　标	产值（亿元）	可比增长（%）
农林牧渔业总产值	200.96	3.6
＃农业(种植业)	105.54	2.3
林业	3.97	−8.1
牧业	49.21	5.2
渔业	36.72	8.2
农林牧渔服务业	5.52	−4.2

(2) 主要产品生产有喜有忧

粮食面积继续下滑,单产水平再创新高。2014 年,上海粮食播种面积 247.29 万亩,同比下降 2.1%。其中,夏粮面积 86.01 万亩,下降 2.8%;秋粮面积 161.28 万亩,下降 1.8%。粮食播种面积下降原因:一是为切实保护耕地并提高耕地质量,部分农田用于种植绿肥等休养生息;二是部分农田用于改种西甜瓜、蔬菜等经济作物,使得上海水稻播种面积减少。

总产方面,2014 年上海粮食产量为 112.89 万吨,比上年同比减少 1.1%。其中,夏粮产量 24.02 万吨,增长 3.3%,主要得益于单产水平继续增长。秋粮产量 88.87 万吨,减少 2.2%。

单产方面,两大主品种小麦和水稻单产双双增长。2014 年,上海小麦单产为 282.94 公斤/亩,同比增长 6.8%,水稻单产为 569.62 公斤/亩,增长 0.3%。

蔬菜面积保持稳定,产量产值实现双增。2014 年前三季度,蔬菜(不含食用菌)常年菜田面积基本稳定在 50 万亩以上,其中绿叶菜在田面积稳定在 21 万亩以上。蔬菜产量 282.12 万吨,同比增长 1.7%;实现产值 54.89 亿元,增长 2.5%。蔬菜生产总体呈现播种面积稳定、产量及产值双增、种植效益较好的态势。主要原因:一是 2014 年继续落实"菜篮子"区县长负责制,播种面积得到保障,同时价格保险机制等各项政策措施发挥积极作用,有效稳定了蔬菜生产;二是前三季度虽雨水较往年偏多,但未出现持续高温、台风、强降雨等灾害性天气,天气条件总体有利于蔬菜生产。

生猪生产基本稳定,养殖结构逐步优化。2014 年前三季度,生猪出栏 184.26 万头,同比增长 3.6%;9 月末生猪存栏 181.47 万头,与上年同期基本持平,但能繁母猪存栏仅 14.69 万头,下降 6.3%。同时随着上海生猪标准化生态养殖基地建设的不断推进和郊区对不规范养殖整治力度的加大,生猪养殖结构正逐步优化。千头规模场累计生猪出栏 164.5 万头,增长 8.8%,规模场出栏量占生猪出栏总量的 74%,增长 1 个百分点。

禽蛋生产总体萎缩,仅鸡蛋生产行情较好。受禽流感疫情后续因素影响,上海禽蛋生产风险凸显,加上环境整治力度加大等多重因素影响,部分养殖户尤其是散户纷纷退出,禽蛋生产总体规模呈现萎缩。2014 年前三季度,家禽出栏 1 522.62 万只,同比下降 22.1%。其中,肉鸡出栏 1 244.31 万只,下降 18.5%;肉鸭出栏 255.12 万只,下降 35.4%。9 月末,家禽存栏 1 001.32 万只,下降 9.4%,其中,肉鸡存栏 441.69 万只,下降 12.1%,肉鸭存栏 106.06 万只,增长 2.5%;蛋鸡存栏 302.61 万只,与上年基本持平。

前三季度,鲜蛋累计产量 3.89 万吨,同比下降 2.8%。其中,鸡蛋产量 2.62 万吨,增长 8.3%,鸭蛋产量 1.27 万吨,下降 19.6%。禽蛋生产中,仅鸡蛋生产一枝独秀,年初至今鸡蛋生产、销售、价格等行情均明显好于往年。

奶业生产保持稳定,生牛奶产量稳步上涨。2014 年前三季度,由于上海积极推行奶价调节机制,奶业生产继续保持稳定。生牛奶产量 21.06 万吨,同比增长 1.6%。9 月末,奶牛存栏 5.44 万头,与上年同期相比略减,生产能力基本保持稳定。

水产生产形势总体较好,远洋捕捞增长迅猛。2014 年前三季度,上海水产品产量 19.83 万吨,同比增长 18.7%。其中,主要受远洋捕捞的竹荚鱼、鲣鱼、鱿鱼和磷虾产量大幅增长影响,海水产品产量 13.30 万吨,增长 30% 以上,大幅拉升上海水产品产量。今年气候总体有利于淡水养殖生产,淡水产品产量 6.53 万吨,但受罗氏沼虾苗种退化影响,产量下降 3.1%。

(3) 农产品生产者价格总体保持低位运行,但不同农产品之间涨跌不一

2014 年前三季度,上海农产品生产者价格同比微降 0.5%。农、林、牧、渔四大业生产者价格两升两降。其中,林业、牧业分别上升 5% 和 0.1%,种植业、渔业分别下降 0.3% 和 2.5%(见图 1)。

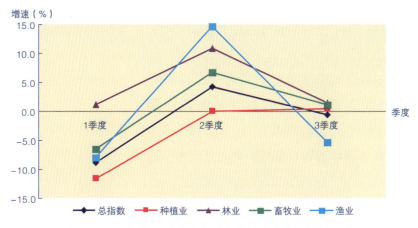

图 1 2014 年前三季度上海农产品生产者价格涨跌幅度

种植业产品中,粮食价格同比上升 4%,主要是国家继续提高粮食最低保护价,保障农民种粮利益。蔬菜价格下降 2.2%,主要是天气条件总体有利于蔬菜特别是叶菜类生长,蔬菜供应充足。在监测的 30 个主要品种中,22 个品种价格不同程度出现下降,地产蔬菜中的主要品种青菜价格下降 4.3%。此外,水果价格同比上升 1.5%,主要品种中草莓、西甜瓜、葡萄价格上升,桃、梨价格有所下降。

畜牧业产品中,生猪价格同比下降 11%,主要是受产能过剩因素影响,自年初至 4 月生猪价格一直处于低迷走势。3 月底相关部门开始实施储备冻猪肉分批收储计划,故 4 月底生猪价格跌至上海近几年最低点(10.6 元/公斤)后开始回升,9 月末保持在 15 元/公斤左右。随着禽流感疫情影响减弱,禽蛋消费开始恢复,价格回升明显,肉鸡和鸡蛋价格分别上升 10.2% 和 13.3%。由于上海一直推行奶价调节机制,加上市场消费需求旺盛,生牛奶价格继续上扬,上升 15.7%。

渔业产品中,海水产品受产量大幅增加影响,价格有所回落,同比下降 9.9%。淡水产品养殖效益继续向好,价格上升 3.8%。

(4) 域外生产:主要产品形势喜人,生牛奶产量增长较快

2014 年前三季度,域外上海市属农场实现农业总产值 12.65 亿元,相当于全市农业总产值的 6.3%,比重较上年提高 0.6 个百分点。从主要产品生产看,生猪出栏 40.33 万头,同比增长 31.3%;生牛奶产量 5.46 万吨,增长 13.8%;淡水产品产量 2.23 万吨,增长 13.8%。三类产品产量分别相当于全市产量的 21.9%、25.9% 和 34.2%,比重分别比上年提高 4.6 个、2.7 个和 22.5 个百分点。

2. 当前上海农业发展面临的主要问题

(1) 有效耕地资源日益减少成为最大发展瓶颈

上海农业生产面临的最大瓶颈是有效耕地资源紧缺。上海农产品生产有最低保有量要求,但是大部分产品自给率不高。近五年,上海有效耕地从 308 万亩减少到 299 万亩,平均每年减少近 2 万亩。有限的耕地能否维持现

有本已不高的自给率,是上海发展现代农业要解决的根本问题。而且随着人口规模不断扩大,有限的土地资源能否满足日益增长的市场需求是农业发展面临的挑战。

(2) 农业生产成本上升挤占可持续发展空间

2014 年,上海农业生产成本上升趋势明显。近年来,劳动力、土地等生产要素以及能源、饲料、原材料等上游价格持续上行,导致农产品生产企业生产、运输、经营成本不断增加。2010 年以来,上海连续 5 次上调劳动力月最低工资标准,从 1 120 元提高至 1 820 元,升幅超过 60%,直接带动人工成本持续上扬,对农产品生产、运输、销售等各环节及其他物资成本的提高均有推动作用。另外,农业生产单位土地承包费用、饲料、农药等价格不断上升,也必然会导致农业生产成本增长。可以看出,农业生产成本上升挤占了农民的利润空间,制约了产业的可持续发展。

(3) 生产周期性现象不利于农产品生产与价格稳定

由于农产品尤其是生猪、肉鸡等畜禽产品从生产到销售需要一定时期,加上目前农产品产供销一体化建设不够完善,相应预警信号不够充分,大多数养殖户不能及时掌握市场信息,因此市场往往形成一个"周期"。以生猪生产为例:猪价上升—母猪存栏量增加—生猪供应增加—猪价下降—大量淘汰母猪—生猪供应减少—猪价上升。自 2014 年初开始,上海生猪价格连续下降,并于 4 月跌至近几年最低点后触底反弹,但仍处于盈亏平衡点之下,养殖户亏损严重。因此,农产品价格下降打击生产户积极性,严重影响了农产品市场的稳定供应;而农产品价格上升将推高消费者生活成本,增大物价上升的压力;同时,农产品价格长期波动,不利于农业的有序生产和健康发展。

(4) 突发性农产品疫情影响后续农产品生产

受 2013 年两次 H7N9 禽流感事件影响,食品安全问题再度升级,对相关农产品的生产销售造成一定冲击,因而价格波动风险也随之加大。2014 年至今,部分养殖户尤其是散户纷纷退出,肉鸡养殖总体规模呈现萎缩,出栏量大幅下降。同时由于上海每年自农历正月初一至公历 4 月 30 日实施季节性暂停活禽交易政策,关闭所有活禽交易市场,也严重影响了养殖户补栏积极性，禽蛋类后续生产仍将继续遭到影响。

二、 2015 年上海农业发展趋势初步判断

1. 2015 年上海农业发展趋势的因素分析

(1) 有利因素

一是一系列支农惠农政策不断加强，为保障上海农业发展稳定奠定基础。2015 年，上海将继续实行主要农产品最低保有量制度，稳定粮食、蔬菜、生猪、家禽、鲜蛋、生奶和淡水产品的供应。各项支农惠农强农政策将稳定实施，各项补贴标准有望进一步提高，农业资金投入进一步增加，粮食收购价格持续提高。在农业保险方面，将继续加大力度实施"夏淡"、"冬淡"绿叶菜价格成本保险，稳定蔬菜生产供应和价格，并积极探索将此机制运用到其他农产品。同时，对农业灾害造成的损失给予一定赔付，进一步保护和调动农民及农业生产经营组织的生产积极性。

二是农业基础设施不断完善，为增强农业可持续发展提供硬件支持。2015 年，上海将继续推进配套齐全、灌排通畅、安全高效的农田水利体系建设，继续推进高水平设施粮田和蔬菜标准园建设，继续做好标准化畜牧养殖场、水产养殖场建设，继续推进区域特色农产品生产基地建设，推广高性能、多功能的农业机械，逐步实现主要农作物生产全程机械化，加快蔬菜生产机械等设备的引进研发，加快推进现代农业示范区建设，为提高农业产出效率提供基础。

三是农业科技水平有序发展，为推进都市现代农业发展提供技术支撑。2015 年，上海将继续推进精量播种、配方施肥、节水灌溉等技术；继续完善农产品质量安全追溯体系和质量安全体系；加快推行农产品产地准出和市场准入制度；建立科技创新技术服务平台；加强农村信息基础建设，推进农业气象信息物联网技术在农业生产、经营、管理和服务中的应用；进一步强化基层农业技术推广、动物疫病和植物病虫害防控、农产品质量监管等农业公共服务体系。

（2）不利因素

一是气候条件和病虫危害仍存在很大的不确定性。上海农业生产每年受春季降雨多、夏秋季高温及台风强降雨、冬季持续低温等灾害性天气影响的概率较大，以及近年来农作物病虫害发生趋重，易对农业生产造成不利影响，在短期内造成农产品生产大幅波动。

二是资源环境约束仍在加剧。耕地面积减少的趋势仍在延续，加之农业生产者年龄结构老化和外来农业从业者流动，上海农业生产面临诸多要素约束，上海地产主要农产品适度自给难度仍在加大。

三是农产品生产价格波动不确定。市场供求引起的价格传导机制在农产品生产单位的传导时滞依旧明显，生产过量或不足引起的价格波动仍会直接影响农业生产者的生产效益和生产积极性。

2. 2015 年上海农业发展趋势预测和判断

总体判断，上海农业发展有利因素和不利因素共存，目前可知的有利因素多于不利因素，因此若无重大灾害性天气影响，2015 年上海农业发展仍将继续保持稳定发展。

（1）地产农产品生产将保持稳定

粮食：随着高产创建、杂交水稻、机械化种植等新技术、新品种的有力推进，粮食单产仍将保持较高水平。国家继续提高粮食最低收购价，进一步保障农民种粮积极性。预计 2015 年上海粮食种植面积在 200 万亩以上，能实现全年粮食总产 100 万吨的目标。

蔬菜：2015 年将继续实行"菜篮子"区县长负责制，保障蔬菜供应，稳定蔬菜价格，确保蔬菜在田面积稳定在 50 万亩以上，其中绿叶菜种植面积将占到 4 成，确保绿叶菜供应充足，年上市量不少于 120 万吨。

生猪：由于 2014 年生猪价格处于低位运行，养殖效益不如往年，养殖户生产积极性较低，后备母猪存栏明显减少，预计 2015 年生猪生产出栏将有所减少，但基本不会出现大的波动。

奶牛：由于上海积极推行奶价调节机制，保护奶农利益，奶农生产积极性较高,加上2013年、2014年上海奶牛生产效益持续向好,预计2015年牛奶生产水平将进一步提升。

家禽:由于肉禽生产等不利因素发生的可能性仍然存在,加上上海近几年持续加大环境整治力度,预计2015年上海肉禽生产仍将保持目前态势运行。2014年鸡蛋行情明显好于往年,蛋鸡场效益和生产积极性较高,预计2015年鸡蛋生产将有所改善。

淡水产品:2015年,随着标准化池塘的进一步改造和养殖结构不断调整、优化,预计淡水产品生产将继续保持稳定,能够确保淡水养殖产品生产能力24万吨,稳定30万亩池塘养殖面积的任务目标。

(2) 农产品生产者价格将保持上涨态势,涨幅可能略有扩大

人民生活水平日益提高对农产品需求不断增强,农用生产资料价格、劳动力成本不断增长进一步推高农业生产成本,加上粮食、牛奶等政策性调价"只涨不跌",这些都是农产品生产者价格继续保持上涨的基本因素。因此,若无大的自然灾害或突发事件,2015年上海农产品生产者价格将继续保持上涨态势,涨幅可能较2014年略有扩大。其中,粮食价格因调价因素继续上升,生猪、鸡蛋等价格预计继续反弹回升概率较大,蔬菜、水果、淡水产品等价格继续惯性上升。不同农产品之间波动幅度可能存在较大差异。

三、 2015年上海农业发展的对策建议

1. 确保地产农产品稳定生产

应继续实行主要农产品最低保有量制度,加强各项支农惠农强农政策,加大农产品生产和保障供应的各项扶持补贴标准。进一步转变农业发展方式,提高农业生产集约化程度,优化品种结构。进一步完善强农惠农政策,健全农业投入保障制度。全面实施主要农产品最低保有量制度,稳定粮食播种面积,保障20亿斤粮食生产能力,着力提高粮食单产和品质。加强"菜篮子"工程建设,确保每年蔬菜不少于120万吨的上市量和绿叶菜80％的自给率。稳定主要农产品供应,优化种养的产品结构,实行主要农产品生产大

区县奖励补助制度。健全政策性农业保险制度,加大政府补贴支持力度。加强地产农产品生产基地的环境监测、农产品质量安全检测和监督检查工作,确保不发生地产农产品质量安全事故。

2. 提升农业发展规模效益水平

各项生产性要素价格持续上升,生产成本刚性增加,已经成为农业高效发展的主要障碍之一。因此,一方面应切实落实各项补贴制度,规范农业生产经营收费标准,如应改善部分农业单位因历史原因无法享受农业用电标准的问题。另一方面考虑到上海土地和人口等资源条件,大力倡导农民专业合作社、松江"家庭农场"模式进行生产经营,通过规模化、标准化、设施化等组织形式和管理手段,将农业生产各个环节纳入标准生产和管理轨道,鼓励采用现代技术和管理理念,降低成本,提升规模效益,从而实现上海农业优质、高效生产。

3. 推进绿色、生态型农业建设

坚持尊重自然规律,维持生态平衡和生态系统的良性、高效循环,协调人与自然的关系、生物与环境的关系,实现土地的可持续利用、农业的可持续发展。以节地、节水、节肥、节能和综合利用为目标,开发农业生态环境保护和资源综合利用技术。结合上海实际,推广综合良种、良法、良田技术、清洁、健康养殖技术、秸秆、畜禽粪便等农业废弃物无害化处理和综合利用技术,农业投入品检测检验技术、循环利用技术,推广松江家庭农场实行种养结合模式等。加大测土配方施肥推广力度,推进化肥、化学农药减量使用,有效防治农业面源污染。

4. 强化农业生产服务体系建设

一是继续畅通产销对接渠道。大力扶持产销服务组织的发展,通过"农超对接"、"农标对接"、"农社对接"、"农校对接"和直销团购等途径,减少流通环节和降低经营成本,提高生产经营综合效益。二是完善信息服务平台,目前上海蔬菜生产各项补贴、保险政策已经较为完善,应继续针对生猪、水果、水产等农产品制定相关扶持政策,从而建立健全多种农产品的保险补偿机制。三是继续加强农产品生产供应信息平台建设,跟踪监测农产品生产现状,提高预警能力,充分利用销售市场、网络和权威媒体披露生产信息,实现生产者与销售者的信息联网、资源共享,从而引导有序生产。四是加快制定农产品生产尤其是蔬菜生产对冰冻、雨雪、台风等自然灾害的应急预案,健全应急机制,确保在遭遇自然灾害时蔬菜的正常供应和价格稳定。

5. 坚持走现代都市农业发展道路

上海农业依托于大都市建设,必须坚持走规模化、标准化、专业化、品牌化、信息化和产业化的现代农业发展道路,着力发展"生态、优质、高效"农业,以保障城市优质、安全的农产品供给为目标;着力优化农业产业结构,提升农业科技水平,继续提质增效;着力建设一批无公害、绿色、有机农产品和地理标志登记农产品的"三品一标"品牌,构建一批国家级农业产业化龙头企业,并积极发挥龙头企业示范作用;着力拓展农业功能,发展农产品精深加工、农业观光旅游和"农家乐",促进一二三产业融合发展,挖掘农业增收潜力,增加农民经营性收入;着力推进现代农业管理手段现代化,加快推进信息化建设,着力提升标准化、品牌化体系建设和人才建设,培育可持续发展新优势。

2014 年上海工业评估与 2015 年预测

2014 年,上海工业转型步伐继续加快。工业总体呈现平稳缓慢增长态势,总产值和增加值增速均"前高后低,缓慢下滑",但工业经济的结构和效益有明显提升,或将进入"新常态"时期。预计 2015 年上海工业增速将继续减缓。

一、 2014 年工业发展概况

2014 年,上海工业在上年恢复性增长的基础上,积极调整发展战略、努力开拓新的市场,工业经济实现低速增长。

1. 2014 年上海工业发展的现状

(1) 生产增速呈"前高后低,缓慢下滑"态势

2014 年,上海规模以上工业(以下简称工业)企业的总产值和增加值在上年基数较高的基础上,实现低速增长。1~11 月,实现工业总产值 29 269.33 亿元,同比增长 1.5%,增幅较上年同期下降 2.8 个百分点;实现工业增加值 6 569.07 亿元,增长 4.5%,增幅下降 1.9 个百分点。

分月看,受同期基数较高的影响,年初工业总产值和增加值增速均低于上年平均水平,随后开始缓慢抬升。7 月、8 月,上海大众南京分厂受青奥会影响停产半月,造成汽车制造业增幅下降;8 月,昌硕公司大批量产品未能及时验收入库,拖累电子信息制造业增长。两者共同影响导致 7 月、8 月总产值和增加值增速均出现明显回落。其中,8 月,上海出现 2014 年以来总产值同比增速首次下降,较上年同月下降 2.5%(见图 1)。

整体观察,2014 年上海工业总产值和增加值增速总体呈现"前高后低,

缓慢下滑"态势。

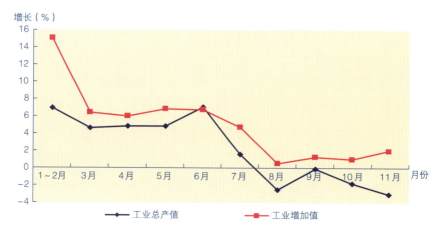

图1　2014年上海工业总产值和增加值分月增速

(2) 收入与利润双升,增效明显

2014 年 1～11 月,上海工业企业实现主营业务收入 31 777.07 亿元,较上年同期增长 2.3%,实现利润总额 2 310.52 亿元,增长 5.7%。工业利润除 3 月份受宝钢上年同期数高的影响而短暂下降外,均实现增长。3 月以后,上海工业利润增速始终高于主营业务收入增速,表现出良好的走势(见图 2)。

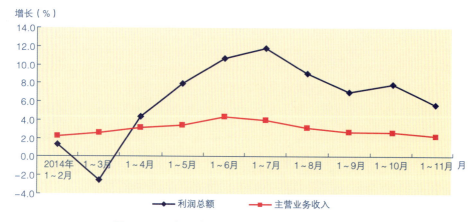

图2　2014年上海工业利润和主营业务收入增速

　　1～11 月,上海工业成本费用利润率为 8%,高于全国平均水平 1.9 个百分点,位居全国第八位。资产负债率为 50.3%,低于全国平均水平 7.2 个百分点。在主营业务收入和利润增长的带动下,上海工业对社会贡献度加大。1～11 月,共完成税金总额 1 741.82 亿元,同比增长 3.4%。

(3) 出口小幅下降,降幅收窄

　　2014 年,上海工业出口延续了上年 5 月开始的下滑趋势。1～11 月,累计完成出口交货值 6 927.47 亿元,比上年同期下降 0.9%(见图 3)。从月度走势看,累计降幅较上年收窄。

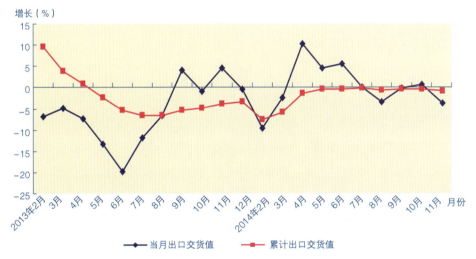

图 3　2013～2014 年上海工业出口交货值分月增速

　　从行业看,2014 年 1～11 月,上海涉及出口的 31 个工业大类行业中有 17 个行业较上年同期实现增长,显示工业出口整体向好。其中,烟草制品业,铁路、船舶、航空航天和其他运输设备制造业,印刷和记录媒介复制业等 3 个行业出口增速超过 10%。

　　从全国看,2014 年 1～11 月,工业企业完成出口交货值 109 291 亿元,比上年同期增长 6.4%。在主要省份中,上海出口交货值总量仅次于广东、江苏、浙江和山东,排在第五位;但在出口大省中,上海是唯一出口下降的地区(见表 1)。

表 1　2014 年全国及主要省市出口交货值及增幅

地　区	1～11 月出口交货值(亿元)	同比增长(%)
全　国	109 291.00	6.4
广　东	30 137.89	5.8
江　苏	21 127.27	1.9
浙　江	10 923.66	5.4
山　东	7 783.17	7.1
上　海	6 927.47	−0.9
福　建	6 176.61	5.3

（4）六个重点行业表现不一

2014 年 1～11 月,上海六个重点发展的工业行业实现工业总产值 19 593.38 亿元,较上年同期增长 1%,低于全市增速 0.5 个百分点;占全市工业总产值的比重下降 0.3 个百分点,为 66.9%。

汽车制造业增长最快。上海汽车制造业积极调整产品结构,主力生产中高档车型,市场反应良好,工业总产值和利润均保持两位数增长。1～11 月,上海汽车制造业完成工业总产值 4 844 亿元,较上年同期增长 9.8%;实现利润总额 976.44 亿元,增长 18.1%。汽车产量不断创出新高。1～11 月,上海生产汽车 226.3 万辆,增长 7.5%。

生物医药制造业增速放缓。由于施贵宝全球剥离糖尿病业务及下半年罗氏停产改造,两大企业合计工业总产值增幅较上年同期下降 28.6 个百分点,致使生物医药制造业增速较上年明显放缓。1～11 月,实现工业总产值 794.39 亿元,增长 5.5%,增幅较上年同期下降 8.7 个百分点。

成套设备制造业形势好转。2014 年,外高桥船厂承接了 2 座 375 英尺自升式平台海洋工程产品及 14 艘 20 万吨级绿色环保散货船等,使成套设备制造业生产增速"由负转正"。1～11 月,上海成套设备制造业完成工业总产值 3 532.67 亿元,增长 5.5%,增幅较上年提高 5.8 个百分点。

电子信息产品制造业继续下降。受电子代工企业向西部转移力度加大,且订单减少影响,电子信息产品制造业降幅扩大,利润增速有所下滑。

1~11月，共完成工业总产值 5 612.7 亿元，比上年同期下降 2.5%，降幅提高 0.6 个百分点；实现利润总额 174.74 亿元，增长 11.5%，增幅下降 1 个百分点。

石油化工及精细化工制造业由升转降。2014 年，上海石油化工及精细化工制造业发展面临诸多困难。一是国际原油价格在低位长期徘徊，造成相关下游产品价格有所回落，压缩了行业的利润空间。二是国内行业产能过剩依然严重，化工市场供大于求、持续萧条。三是化工区原定开工的新项目拖后生产，同时赛科公司迎来为期一个多月的设备大型检修，导致产量下滑。受这些因素影响，上海石油化工及精细化工制造业生产和利润同步下滑。1~11月，石油化工及精细化工制造业工业总产值较上年同期下降7.2%；利润总额下降幅度高达 34%。

精品钢材制造业持续低迷。钢材行业产能过剩现象仍未得到有效缓解。在经历了年初钢产品价格小幅回升之后，自 5 月以来，国内钢价又呈现整体回落态势，并持续走低。1~11月，上海精品钢材制造业完成工业总产值 1 332.48 亿元，较上年同期下降 2.5%。

2. 2014 年上海工业发展的特点

(1) 汽车制造业的重要地位进一步凸显

2014 年，在上海工业整体低速增长的背景下，汽车制造业的拉动作用进一步凸显，始终是带动上海工业生产增长的首要力量。1~11月，上海汽车制造业完成工业总产值占全市工业总产值比重达 16.5%，比上年同期提高 1.2 个百分点，超过计算机、通信和其他电子设备制造业，成为占比最大的行业，对上海工业总产值增长的贡献率达 101.4%。上海汽车制造企业在产能扩张的基础上，紧抓汽车市场消费升级机遇，重点生产高附加值产品，产值和效益不断提高。荣威、凯迪拉克、朗逸等市场表现不俗。SUV 汽车产量大幅增长。1~11月，生产 SUV24.68 万辆，同比增长28.7%。这些都推动了上海汽车制造业的稳定快速增长，加大了对全市工业增长的拉动作用。

（2）对外投资成为利润增长主要动力

受上海土地限制、劳动力成本高涨等影响,工业内生性利润增长空间有限,企业积极采用多元化发展战略,对外投资,利润外生性增长特征逐步显现。突出表现在投资收益对工业利润增长的贡献不断加大。2014年1～11月,上海工业企业实现投资收益456.7亿元,同比增长26.6%,对利润增长的贡献率达到77.4%。特别是汽车制造业投资收益占全市工业企业投资收益的77.2%,同比增长36.7%。主要原因在于:全国汽车市场平稳增长,上海汽车企业实施对外扩张战略,对市内及外省市的整车和零部件企业加大投资力度,积极开拓新的市场,带动行业投资收益快速增长。

（3）战略性新兴产业发展好于全市平均水平

2014年,上海战略性新兴产业一直保持良好的增长态势,增速高于全市工业总产值平均增速(见图4)。1～11月,实现工业总产值7 311.83亿元,比上年同期增长5.7%,高于全市平均水平4.2个百分点。各子产业均保持增长(见表2)。特别是新能源汽车产业受政策利好影响,增速进一步提高,成为增长最快的产业。随着9月1日起新能源车辆购置税免征新政正式实施,近期国家又接连出台补贴新政策,预计未来新能源汽车还将保持高速增长。

图4　2013～2014年上海工业总产值及战略性新兴产业总产值累计增速

表 2　2014 年 1～11 月上海战略性新兴产业工业总产值及增速

产业名称	工业总产值(亿元)	增长(%)
全市规模以上工业合计	29 269.33	1.5
♯战略性新兴产业	7 311.83	5.7
新能源	388.14	19.0
高端装备	2 215.59	5.2
生物医药	794.39	5.5
新一代信息技术	1 964.44	10.0
新材料	1 789.23	0.4
新能源汽车	46.00	36.1
节能环保	376.35	1.6

二、 上海工业发展存在的问题

1. 产业结构刚性强,对汽车依赖较大

近年来,不论是从上海工业增长的主要拉动力看,还是从上海工业总产值的行业占比看,上海工业发展对汽车制造业依赖较大。2014 年 1～11 月,在全市 36 个工业行业中,上海汽车制造业在拉动力和行业占比两方面的贡献均居各行业之首,但若扣除汽车制造业影响,上海工业总产值与上年持平。产业结构支撑力量单一,结构的稳定性就易于受到挑战。近年来,上海汽车制造业发展势头较好,但国内汽车市场需求趋于饱和,汽车制造业竞争也愈加激烈。重庆的长安股份、长安福特、长安铃木等公司陆续推出翼虎、新蒙迪欧、CS35、逸动、悦翔 V3、悦翔 V5 等新车型,同时随着沃尔沃、一汽大众、一汽丰田、吉利在成都形成的集聚发展效益逐步体现,上海工业结构的刚性支撑亟须得到改善。

2. 传统拉动力疲软,部分行业产能过剩

2014 年,传统拉动经济增长的"三驾马车"——出口、投资和消费对上海

工业增长的拉动力表现疲软。从出口看,尽管上海工业出口降幅收窄,但仍处于下降状态。计算机、通信和其他电子设备制造业对上海工业出口的贡献率达到 50％以上。该行业出口的主体是电子代加工产品,且受苹果订单影响大。出口对上海工业增长的拉动具有不确定性。从投资看,在上海工业投资连续多年疲软的情况下,1～11 月工业固定资产投资完成 967.13 亿元,同比下降 6.7％。投资拉动继续减弱。从消费看,市场供求关系未得到明显改善,工业品出厂价格累计指数略有回升,但保持在 99％左右波动,钢铁、石油化工及精细化工制造业等行业产能过剩现象明显,房地产行业依然低迷,国际、国内对工业品需求依然疲软。

3. 新兴发展动力不足,缺乏新的增长点

近年来,上海工业企业研发投入增速明显放缓。2010 年、2011 年工业企业研发投入增速均超过两位数,分别达到 15.9％和 25.4％,2012 年增速下滑至 8.1％,2013 年增速为 9％。2014 年预计全年工业研发投入增速在上年基础上或将进一步下滑。可见,在带动上海工业经济增长的传统力量疲软情况下,研发等新兴力量带动作用有限。目前,上海工业仍缺乏大项目、特别是具有高附加值、高技术含量的创新项目,新的增长点明显不足。

三、 2015 年上海工业发展趋势初步判断

2014 年,尽管三季度全国 GDP 增速有所放缓,但就业和物价形势总体稳定,国民经济继续运行在合理区间。上海工业加大转型发展步伐,生产运行相对平稳,效益得到一定提升。2015 年,在国家和上海促进经济转型发展的各项政策推动下,上海工业将继续保持低速增长,但仍面临诸多困难。

1. 工业攻坚克难,有望保持低速增长

上海工业正处于转型升级的阵痛期。传统动力作用减弱,新兴动力正

在培育和发展中。一方面,工业内部结构调整加快,技术对工业发展的影响逐步体现。技术含量高的行业如汽车等表现出较一般行业更加明显的增长态势,产品升级换代对工业的带动作用增强。另一方面,2014 年各级政府出台的一系列经济政策效应将在 2015 年得到进一步发挥,为 2015 年上海工业发展带来更多力量。然而,国内外宏观经济形势也面临新的挑战。国际上乌克兰、中东危机加剧,美联储加息、美元汇率波动等都可能带来负面影响。国内房地产市场持续低迷,PMI 指数从 8 月起出现回落,部分行业产能过剩现象没有得到根本扭转。上海工业投资持续低迷,电子、化工等行业企业继续外迁。2015 年,上海工业发展面临的内、外部环境依然严峻,预判工业增长将维持在低位运行。

2. 六个重点行业增长预测

汽车制造业继续保持增长,但维持两位数增速难度较大。一是得益于上海汽车品牌的市场影响力和产品的高性能,上海汽车制造业竞争力进一步提高。2014 年 1～11 月,根据中国汽车协会数据显示,上汽集团的汽车销量已稳居全国第一。二是上海汽车制造业产能进一步扩大。2015 年,上海大众长沙生产基地、上海通用武汉生产基地都将实现量产。三是上海汽车制造业升级步伐加快。2015 年起,上海大众及上海通用将进入新一轮新品投放期。SUV 生产将进一步增强,c^+ 级车或将在 2015 年投产。受这些因素影响,预计 2015 年,上海汽车制造业将继续保持较快增长。但国内汽车市场趋于饱和,汽车生产企业竞争愈加激烈。一汽、长安汽车等产能扩张力度加大,而大众、通用国内产能布局基本完成,且上海汽车制造业经历多年两位数增长造成基数较高,未来上海汽车制造业要继续保持高速增长面临挑战。

石油化工及精细化工制造业产能扩张但产值增长或面临困难。2015 年,石油化工行业发展仍有亮点。新项目、新企业即将生产运营。原定于 2014 年开工的 80 万吨苯酚丙酮、20 万吨聚碳酸酯等项目拖后到年底或 2015 年开工,还有诸如西萨化工等企业新进投产。同时,2014 年高化、赛科大检修而使基数较低。预计 2015 年,上海石油化工行业生产将有所提高。但国际石油化工行业依然不景气,包括 OPEC 在内的多家机构预测 2015 年国际油价将继续波动回落,影响石油化工行业产品价格的提升。2015 年,上海石油化工及精细化工制造业实现增长面临挑战。

生物医药制造业增速放缓。上海生物医药制造业增长对施贵宝、罗氏制药等外资龙头企业依赖大。2014 年,施贵宝全球剥离糖尿病口服药业务后,失去了一个重要的增长点。罗氏部分药品专利到期后,药品生产规模没有明显扩张。上海医药集团新产品投放有限。预计 2015 年,上海生物医药制造业将继续增长,但增速或将放缓。

电子信息产品制造业或将持平。近年来,上海工业结构调整力度持续推进。一方面,企业加快产品升级。如英源达、英业达、达丰等企业加快产品转型,重点代工生产服务器、一体机等高附加值产品,电子信息产品附加值有所提高。另一方面,大型电子代加工企业低附加值生产项目外迁速度加快。除广达集团继续将低端产品迁往重庆生产外,达丰、达功等企业也在持续转移低端产品。此外,上海电子信息产品制造业对苹果公司订单依赖较大,而苹果订单存在不稳定性。集成电路方面,中芯国际、华虹宏力等企业技术水平较国际最先进水平尚有差距,获得大批量优质订单存在困难。华虹宏力是否扩产存在不确定性,预计 2015 年电子信息产品制造业发展环境未得到明显改善,或与 2014 年持平。

成套设备制造业要保持快速增长存在挑战。2014 年,成套设备制造业中多个行业表现较好。船舶制造业新接订单出现回暖,且开拓了环保船等高附加值新产品;三菱电梯凭借良好的知名度和产品质量,市场占有率高;建筑机械、港口设备、电站设备等行业也在积极转型,拓展产品系列。但从国内外形势来看,船舶制造业整体仍处于缓慢复苏时期,市场需求有限;房地产建设相对低迷,对建筑类装备需求影响较大;电站国内需求市场基本饱和,国家尚未有新的政策出台等。预计 2015 年成套设备制造业要在 2014 年增长的基础上保持快速增长难度较大。

精品钢材制造业市场依然萧条。2014 年,钢材价格持续下滑,市场供求矛盾依然突出。按照钢铁协会不完全统计,我国粗钢产能超过 10 亿吨,但市场需求量在 7～8 亿吨。供过于求必然造成价格下跌。上海宝钢集团等企业采取精品战略,转型初见成效,在钢材市场上具有一定的竞争力。截至 2014 年 11 月初,国家又批准建设 16 条铁路和 5 个机场,或许会增加钢铁的市场需求。未来,精品钢材制造业增长存在不确定性。

四、 进一步加快上海工业发展的几点建议

2014 年 5 月,习近平总书记在河南考察时指出:我国发展仍处于重要战略机遇期,要从当前我国经济发展的阶段性特征出发,适应新常态。所谓"新常态"一般理解为经济从高速增长向中高速平稳增长过渡,包括经济结构再平衡、增长动力实现转变等多方面内容。从这个角度看,上海工业或将进入"新常态"。上海工业增长的速度趋于低速平稳,工业经济的结构不断优化。要进一步加快上海工业的发展必须正视"新常态"的规律,把工作重点放在结构优化和效益提升上。

1. 加快技术投入,提升上海工业发展的动力

创新是经济发展不竭的动力,更是新时代发展的需要。上海工业用地资源稀缺,工业固定资产投资增长缓慢,亟需加大技术投入,为工业注入新的动力。发达国家"制造业回归"显示了未来工业发展的趋势——科技含量更高、技术水平更先进、生产模式创新化。上海要当好全国改革开放排头兵和科学发展先行者,必须加大对工业的技术投入。一是建立工业企业创新基金项目,鼓励企业进行技术改造和新技术研发。按年度对申报的工业企业技术研发活动进行研判,重点支持技术先进、应用前景强的工业技术项目,支持企业积极购买先进技术。二是建立工业企业技术研发平台。充分利用市级各类研发平台、企业研发中心等,加大产学研合作,通过整合资源引导上海工业技术研发积极向国际工业技术的先进水平靠拢。三是设立技术标准专项经费。技术标准是行业发展的标杆。要鼓励上海工业企业,特别是大型企业集团加大技术标准制定的研究,在充分体现上海技术特点和

优势的基础上,树立和提升上海工业重点行业在全国的地位,提高上海工业发展的竞争力。

2. 实施品牌战略,培育上海工业引领带动作用

品牌不仅是企业价值的承载,更是产业竞争力的核心标志。近年来,国家和上海积极推进品牌建设工作。国务院明确把打造一批具有国际影响力的品牌列入发展目标。上海也成立了品牌建设工作联席会议,推动上海品牌建设的相关工作。上海工业品牌建设具有良好基础,曾经有一大批国内外知名的工业品牌,但近年来上海工业品牌影响力有所减弱,应进一步加快上海工业品牌建设步伐,着力提高上海工业知名度和引领带动作用。一是监督提高上海工业产品质量,鼓励企业不断创新产品,实施精品战略。建立上海工业产品质量监督体系,健全企业质量监控办法。加快完善重点工业行业质量和检测标准,深入推进重点工业产品质量对标和达标工作。强化企业质量主体责任,在全社会形成品牌意识。二是加强上海工业自主品牌培育。建立企业品牌奖励政策,引导企业推进品牌的多元化、系列化、差异化等;鼓励有实力的企业收购海外品牌,支持上海品牌在境外的商标注册,促进品牌国际化;进一步完善上海工业品牌评价认证体系,指导重点行业定期发布品牌报告,加强自有品牌培育过程的动态监测。通过上海知名工业品牌的不断增加,形成上海工业在全国及世界的影响力,真正起到引领和带动作用。

3. 发展总部经济,跃升上海工业发展的能级

上海工业用地稀缺,用工成本相对较高,不适应大规模工业制造环节的发展。上海工业转型要走高端化、高附加值化道路,必须要重视工业总部的培育和发展。一是制定上海工业总部集聚政策。对入驻上海的国内外知名工业企业总部给予行政审批等便利和优惠政策,加快引进工业研发设计中心、采购中心、结算中心、运营中心等。二是扶持本土工业企业做大做强。

在不断提高工业制造技术水平的基础上,扩展工业产业链条,给予企业在产品研发、资金需要等方面的支持,鼓励企业形成具有区域影响力的总部。

4. 优化产业结构,提高上海工业结构的柔性

加快发展战略性新兴产业和高技术产业,不断提高它们在上海工业经济中的比例和贡献力,优化工业结构。一是充分利用国家大力发展战略性新兴产业的契机,积极制定上海相应的产业扶持政策,加快产业发展步伐。2014 年国家相继出台的节能环保汽车推广政策、低碳技术目录等都为战略性新兴产业和高技术产业的发展提供了契机。二是紧抓国际节能环保、新材料等技术更新换代的浪潮,积极引进国际先进技术,建立战略性新兴产业和高技术产业发展规划,设立新能源、新材料、节能环保、高端装备等行业重点项目目录,通过加大重点企业扶持力度,推动行业更好更快发展。

2014 年上海第三产业评估与 2015 年预测

2014 年,面对错综复杂的国内外形势,上海坚持稳中求进、改革创新的工作总基调,全市经济保持平稳运行。第三产业继续较快增长,占全市经济比重持续提升。在经济转型和总体增速放缓的过程中,第三产业发展也面临一些问题和挑战,而中国(上海)自由贸易试验区建设的稳步推进,将为上海第三产业的发展带来新的制度红利和增长点。

一、 2014 年上海第三产业发展概况

1. 以服务经济为主的产业结构进一步巩固

(1) 第三产业平稳增长,占全市经济比重进一步提升

2014 年前三季度,上海第三产业实现增加值 10 432.68 亿元,比上年同期增长 8.5%,增速快于第二产业 3.9 个百分点,对全市经济增长的贡献率达到 73.6%。第三产业增加值占 GDP 的比重为 62.8%,同比提高 1.2 个百分点,已连续 8 个季度稳定在 60% 以上(见表 1)。

表 1　2014 年前三季度上海第三产业发展情况

行　业	增加值 (亿元)	比上年同期 增长(%)	占全市 GDP 比重(%)
第三产业	10 432.68	8.5	62.8
♯批发和零售业	2 735.43	6.9	16.5
交通运输、仓储和邮政业	779.71	12.5	4.7
住宿和餐饮业	242.82	3.9	1.5
信息传输、计算机服务和软件业	839.59	12.5	5.1
金融业	2 121.16	8.4	12.8
房地产业	895.21	1.1	5.4

(2) 第三产业固定资产投资增速有所回落,利用外资保持较快增长

第三产业投资增速有所回落。2014 年 1～11 月,上海第三产业完成固定资产投资 4 253.03 亿元,比上年同期增长 10.5%,增速同比回落 2.1 个百分点,占全社会固定资产投资总额的比重达到 81.3%。从主要行业看,房地产业投资增速出现回落。1～11 月房地产业完成投资 2 907.91 亿元,增长 12.9%,增速同比回落 5.5 个百分点;交通运输、仓储和邮政业投资出现下降,1～11 月完成投资 387.47 亿元,下降 1.6%,而上年同期为增长 2.4%。

第三产业利用外资较快增长。1～11 月,第三产业签订外商直接投资合同项目 4 271 个,同比增长 27.1%;合同金额 261.11 亿美元,增长 44.4%,占全市合同外资的比重为 88.9%。其中,批发和零售业合同金额 55.50 亿美元,增长 34.1%。第三产业吸收实到外资 156.08 亿美元,增长 21.9%,占全市实到外资的比重为 89.9%。

(3) 上海第三产业高端化趋势初显,新兴服务业快速发展

2014 年以来,上海服务业保持良好发展态势,其中,电子商务交易额同比增长 28.8%,比重占到全国的 10% 左右。1～8 月,互联网和相关服务营业收入增长 21.8%,租赁和商务服务业营业收入增长 14.1%。在高技术领域,以信息技术应用为基础的新业态快速成长集聚,通过新平台为实体经济注入了新的活力。前三季度,高技术服务业中,主要行业总产出均实现较快增长(见表 2)。

表 2 2014 年前三季度上海部分高技术服务业总产出增速

行　　业	同比增速(%)
高技术服务业	8.6
#信息服务	9.8
检验检测服务	14.3
研发和设计服务	10.8
知识产权及相关法律服务	24.8

2. 第三产业主要行业发展特点

(1) 房地产业明显回落

前三季度,上海房地产业实现增加值895.21亿元,比上年同期增长1.1%,增速同比回落12.2个百分点,占第三产业增加值比重为8.6%,同比回落0.3个百分点。从主要指标看,1~11月,商品房竣工面积1 757.04万平方米,增长2.5%,其中,商品住宅竣工面积1 191.60万平方米,增长13.1%。商品房销售面积呈现下降。1~11月,新建商品房和新建商品住宅销售面积分别为1 747.99万平方米和1 503.66万平方米,下降18.8%和18.6%,而上年同期为增长33.8%和35.0%。

(2) 金融业保持平稳发展

前三季度,上海金融业实现增加值2 121.16亿元,比上年同期增长8.4%,增速同比回落5.6个百分点,占第三产业增加值比重为20.3%。从主要业务指标看,存贷款增幅明显回落,金融市场交易平稳增长。11月末,金融机构本外币存款余额为72 193.91亿元,比年初增加2 924.42亿元,同比增长5.0%,增速同比回落5.3个百分点;贷款余额47 505.77亿元,比年初增加3 014.19亿元,增长6.7%,同比回落2.4个百分点。从贷款期限结构看,短期贷款余额13 489.19亿元,同比下降2.9%;中长期贷款余额28 034.89亿元,增长8.6%。个人消费贷款余额8 609.71亿元,增长12.6%。1~11月,上海证券交易所有价证券成交额105.28万亿元,同比增长36.5%,其中A股成交26.01万亿元,增长23.4%;上海期货交易所成交额112.77万亿元,增长1.8%;上海黄金交易所成交额5.11万亿元,增长6.2%。

(3) 信息传输、软件和信息技术服务业持续快速增长

前三季度,上海信息传输、软件和信息技术服务业实现增加值839.59亿元,比上年同期增长12.5%,占第三产业增加值比重为8%,同比提高0.1个百分点。从主要经营指标看,1~8月,上海规模以上信息传输、软件和信息技术服务业企业实现营业收入1 690.24亿元,增长9.5%;实现营业利润211.97亿元,增长12.4%(见表3)。

表3　2014 年 1～8 月上海信息传输、软件和信息技术服务业营业收入情况

行　　业	营业收入（亿元）	比上年同期增长(%)
信息传输、软件和信息技术服务业	1 690.24	9.5
♯电信、广播电视和卫星传输服务	456.37	4.0
互联网和相关服务	112.61	21.8
软件和信息技术服务	1 121.26	10.7

(4) 批发和零售业平稳增长

2014 年前三季度,上海批发和零售业实现增加值 2 735.43 亿元,比上年同期增长 6.9%,占第三产业比重达到 26.2%,在第三产业中仍保持首位。从主要业务指标看,1～11 月,上海实现商品销售总额 67 497.63 亿元,增长 11.6%;社会消费品零售总额 7 959.46 亿元,增长 8.7%。受智能手机等移动终端设备快速普及带动,网上商店零售继续保持快速增长。1～11 月实现零售额 738.13 亿元,比上年同期增长 25.0%,占社会消费品零售总额的比重达到 9.3%。

(5) 住宿和餐饮业恢复性增长

2014 年以来,上海住宿和餐饮业虽然受"福喜事件"等影响出现短期波动,但仍迎来恢复性增长。2014 年前三季度,上海住宿和餐饮业实现增加值 242.82 亿元,比上年同期增长 3.9%,增速同比提高 2.1 个百分点。从主要业务指标看,1～11 月住宿和餐饮业实现零售额 761.45 亿元,增长 5.2%,增速同比提高 3.6 个百分点。

(6) 交通运输、仓储和邮政业有所回落

2014 年前三季度,上海交通运输、仓储和邮政业实现增加值 779.71 亿元,比上年同期增长 12.5%。从主要业务指标看,货物运输出现回升,旅客运输保持平稳增长。1～11 月,上海货物运输总量 82 807.47 万吨,比上年同期下降 1.1%,降速同比降低 2.7 个百分点;货物周转量 17 139.71 亿吨公里,增长 4.4%,而上年同期为下降 13.7%;上海旅客发送量完成 1.59 亿人次,增长 8.7%(见表4)。

表4　2014 年 1～11 月上海交通运输主要指标完成情况

指　　标	单　位	绝对值	比上年同期增长（%）
旅客发送量	万人次	15 894.32	8.7
机场旅客吞吐量	万人次	8 223.75	8.0
货物运输总量	万　吨	82 807.47	− 1.1
货物周转量	亿吨公里	17 139.71	4.4
港口货物吞吐量	万　吨	69 216.88	− 2.4
国际标准集装箱吞吐量	万标准箱	3 239.06	4.8

（7）社会服务业增长较快

2014 年前三季度，上海社会服务业企业实现总产出 13 821.59 亿元，比上年同期增长 11.8%。其中重点企业实现营业收入 7 637.61 亿元，增长 11.9%；营业利润 763.84 亿元，增长 14.6%。从主要行业看，租赁和商务服务业企业实现总产出 6 642.29 亿元，增长 14.2%；信息传输、软件和信息技术服务业企业实现总产出 2 232.87 亿元，增长 9.7%；科学研究和技术服务业企业实现总产出 1 566.8 亿元，增长 6.4%。

3. 第三产业转型发展面临的问题和挑战

"十二五"时期以来，上海第三产业一直保持较快的增长速度，但随着上海经济进入新常态，总体增速稳中趋缓，第三产业发展增速也有所回落，在此背景下，如何提升第三产业发展的质量和效益，是当前面临的问题和挑战。

（1）社会服务业发展较快，但服务业高端化程度有待进一步提升

2014 年前三季度，上海社会服务业企业实现总产出 13821.59 亿元，比上年同期增长 11.8%；高技术服务业①总产出为 3841.9 亿元，增长 8.6%，增速低于社会服务业 3.2 个百分点，相当于社会服务业的比重为 27.8%，而社

---

① 高技术服务业与社会服务业存在交叉计算。

会服务业中租赁和商务服务业占比达到 48.1％,具有高技术含量、高附加值特点的高端服务业仍有很大发展空间。

(2) 房地产市场持续降温,房地产企业资金面趋紧

受上年高基数及新的房地产政策等因素影响,2014 年 4 月以来商品房销售已连续 8 个月下降。新建商品住宅销售价格同比增速持续下降,由 1 月的上涨 20.9％降至 8 月的上涨 1.7％,9 月、10 月、11 月三个月连续出现下降,这也是连续 22 个月以来的首次出现下降。随着房地产市场持续降温,房地产企业资金面不断趋紧。2014 年 1～11 月房地产企业到位资金为 4 614.61 亿元,同比下降 0.3％,其中,除国内贷款保持增长外,利用外资、自筹投资和其他资金来源均出现下降,需警惕房地产企业资金紧张可能导致的金融风险。

(3) 服务贸易结构失衡,国际竞争力不强

近年来,上海服务贸易逆差逐步扩大,2014 年前三季度上海服务贸易逆差为 559.1 亿美元,比 2013 年扩大 24.5 亿美元。从内部结构看,旅游、运输等劳动密集型服务仍然是上海服务贸易的主体,而计算机和信息、金融等创新性强、高附加值的新型服务贸易项目占比仍然较低,尚未形成规模以及国际竞争力,与其他国际金融与经济中心城市差距比较明显(见表 5)。

表 5　2014 年前三季度上海服务贸易情况

指　标	进出口额 (亿美元)	同比增速 (％)	占比 (％)
服务贸易	1 281.0	9.4	100.0
＃运输服务	205.9	－ 5.7	16.1
旅游服务	687.6	14.4	53.7
金融服务	0.8	19.6	0.1
计算机和信息服务	59.7	9.3	4.7
咨　询	189.1	10.1	14.8

(4) 产业政策的规范性与灵活度之间需要进一步平衡

政策的一致性和稳定性是产业平稳发展的重要前提,特别是在不断吸

收国内外优秀人才、提供良好硬件条件的同时,还要着实打造产业软环境,使创新能够高效地为发展提供动力,这也是实现第三产业转型发展的重要条件。目前,一些服务业行业在协同机制、政策落地、混业监管等方面需要进一步协调和平衡,相关行政审批精简、下放的质量还有待提高。

二、 2015 年上海第三产业发展趋势初步判断

1. 第三产业发展面临的宏观环境

(1) 经济全球化促进了全球服务业及经济结构调整升级

随着经济全球化趋势的不断发展,世界各国经济的融合程度进一步加深,国际分工协作从传统的制造环节日益向生产性服务业等高端环节延伸,与制造业相关的服务业国际转移越来越占据重要地位,带动了服务贸易持续快速发展,引发了全球新一轮经济结构调整与升级。近年来,全球服务业的离岸外包高速发展,服务业外国直接投资迅速扩张,以跨国公司为主体的全球服务产业链加速形成,服务业全球化发展趋势不断加快,服务贸易已成为国际贸易的重要内容,发达国家一直占据服务贸易主导地位,但发展中国家通过承接服务产业转移也加快了自身服务业的发展与转型升级。

(2) 大都市成为服务业集聚发展的主要载体

从世界范围来看,服务业发展与城市化及城市发展密切相关。随着市场化水平的提高和城市规模的扩大,高度密集的人口、数量众多的经济组织及其相互间日益密切的经济联系,为服务业发展提供了市场基础和空间。服务业向城市特别是大型城市集聚发展态势日趋明显。国际化大都市和经济中心城市已经成为服务业发展的主要载体,国际化大都市服务业增加值比重基本在70%以上。在服务业向城市集聚发展的过程中,服务业自身也存在着向城市内部的特定区域集聚和向制造业集聚区域集中的集群化发展态势。日益强大的城市服务功能已成为区域经济发展的"引擎",大型城市成为引领地区和国家服务业发展的龙头。

(3) 我国服务业发展处于结构调整与升级的加快发展期

伴随服务业持续快速发展,我国服务业内部结构调整也出现了积极变化,服务业结构转换与升级趋势逐步显现。金融业、房地产业等生产性服务业的增长速度明显高于整个服务业的增速;租赁和商务服务业、信息传输计算机服务和软件业等技术和知识密集型的服务业呈现高速发展态势;生产性服务业逐渐成为带动服务业发展的重要动力。交通运输仓储业、批发零售和住宿餐饮业等传统流通性服务业仍占服务业主导地位,但传统服务业现代化程度快速提升,以经营方式和服务方式创新为主要特征的新型流通业态正在快速发展,以现代信息技术为重要依托的网络销售已进入规模化时代。

2. 第三产业发展需关注的重点

(1) 上海自贸试验区建设经验的复制推广带来的引领带动效应

经过一年的时间探索,目前自贸试验区制度创新方面已经取得较大突破,形成了一批在上海乃至全国可复制可推广的成果,如以负面清单为核心的投资管理制度、以贸易便利化为重点的贸易监管制度、以资本项目可兑换和金融服务业开放为目标的金融创新制度和以政府职能转变为导向的事中事后监管制度。在全国扩大试点的新形势下,2015 年,上海自贸试验区将保持综合性改革的引领优势,在浦东新区复制推广自贸试验区改革试点经验,并制定实施在全市复制推广方案,同时聚焦外币结算和合格个人资本账户开设,加强金融开放创新。

(2) 房地产市场结构出现新变化

2014 年以来,上海房地产市场持续调整下行,出现"量价齐降"的情况。随着住宅销售市场的低迷,房地产市场格局出现明显变化,房地产开发企业开始逐渐转向商办楼市场,商办楼投资所占比重明显提高。1～11 月,办公楼和商业营业用房投资占房地产投资的比重达 31.2%。随着首套房认定规则放宽、普通住房标准调整等相关政策出台以及央行存贷款利率下调,房地产市场出现一定回暖迹象,关注房地产市场起伏可能对经济运行带来的冲击。

（3）商业转型升级将有利于推动消费

目前上海传统零售企业在转型发展道路上已迈出了坚实步伐。各大零售企业在压力面前主动或者被动地进行转型努力，通过建立平台、采用020等电子商务模式带动网上网下融合，助推企业转型升级。随着《关于加快上海商业转型升级，提高商业综合竞争力的若干意见》的公布和实施，将进一步加快推动上海商业电子商务化，促进电子商务交易和专业平台发展，加快电子商务技术和模式的创新，进一步提升上海商业对外开放水平，引导商业企业拓展和利用国际国内两个市场、两种资源，开展包括资本合作、品牌共享、技术交流、管理创新、网络互通等灵活多样的国际交流与合作，引进和消化吸收国际商业先进理念、新兴技术、新型业态、管理方式和运作模式，带动商业转型升级。

3.第三产业发展的初步判断

（1）房地产开发投资小幅增长，市场销售将有所回暖

2014年上海房屋新开工面积和竣工面积双双下降，开发投资呈现回落态势，但土地市场成交依旧活跃，保障住房供地面积增加，土地购置费增长。因此，预计2015年房地产开发投资将小幅增长。而随着房地产政策的调整以及存贷款利率的下调，市场中新购住房、置换住房等刚性需求将有所释放，预计2015年上海楼市销售将有所回暖。

（2）互联网金融持续发展倒逼传统金融业加速创新转型

2013年是"中国互联网金融元年"，经过近两年的发展，出现以阿里巴巴、百度、腾讯和P2P、第三方支付机构等为代表的互联网金融发展新格局。2015年，互联网金融将持续发展，从而继续分流传统银行的存贷款、支付等业务，使得银行资金中介功能边缘化，弱化银行的客户和渠道优势，倒逼银行尤其是中小商业银行加快金融创新，借助互联网降低经营成本，转换业务模式。互联网金融的发展，也将继续对保险、证券、基金等传统金融行业的发展产生影响，促使这些传统金融机构加强与互联网的融合，加强创新，更好地满足经济社会发展的需要。

(3) 消费品市场将保持平稳增长,加快推进商业转型升级

2015 年,国际经济环境依然复杂多变,全球经济仍将处于结构调整之中,保持低速增长的态势。国内经济处于三期叠加的调结构、转方式、促改革的新常态,区域不平衡、产能过剩、房地产持续调整等矛盾将进一步凸显。上海商业受整体经济运行影响,仍然面临许多不利因素的挑战。但随着改革进一步深入,稳增长效应将不断显现,消费品市场仍将保持平稳增长。

三、 2015 年加快上海第三产业发展的对策建议

1. 加强创新,推进上海自贸试验区金融试点和上海国际金融中心联动建设

2014 年以来,上海自贸试验区建设有序推进,在重点领域和关键环节取得积极成效,其中金融创新效果明显,随着金融创新制度框架的基本形成,金融机构呈现聚集之势。资本项目的开放既是自贸试验区改革探索的主要内容,也是第三产业创新升级的重要保障,对其他自贸试验区也有直接的复制推广意义。下阶段要积极促进相关政策的落地,加快引进专业性机构和人才,进一步巩固和扩大区内离岸业务等创新业务的使用率,加强自贸试验区金融平台建设,积极有序扩大外资、民资等进入区内金融业。

2. 积极培育新的消费热点,开拓新型消费领域

针对市场消费特点,按照国家宏观调控方向,完善养老、健康、教育、文化等服务消费的政策,加大旅游消费、家政服务、信息消费等消费热点的培育力度,鼓励商业企业发展体验式消费、无店铺消费、定制消费等新型消费模式,促进新型电子产品、智能家电、节能环保汽车、环保家居建材等绿色循环消费,以形成有效、持续的消费热点,带动相关行业的发展。

3. 实施分类调控政策，强调发挥市场在配置资源中的作用

由于上海这座特大型城市的人口导入压力巨大，加上 2014 年以来开发投资增速回落导致的后期供应相对不足，特别是结构性供需矛盾明显，需要继续严格执行抑制投资和投机性需求的调控政策，强化合理住房消费的引导和舆论的正确导向。同时，必须认识到这一轮调整是在外部政策没有发生变化的背景下，市场机制的自发调整。从调控思路上，今后依然要坚持分类调控，强调发挥市场在资源配置中的决定性作用，保持定力，不急于出台刺激政策，干扰市场机制发挥作用。

2014 年上海金融业评估与 2015 年预测

2014 年,面对错综复杂的外部环境,上海金融业继续执行稳健的货币政策,以中国(上海)自由贸易试验区金融改革试点为契机,加强金融创新,努力降低社会融资成本,不断提高服务实体经济的能力,为上海经济社会发展创造稳定的金融环境。前三季度,上海金融业实现增加值 2 121.16 亿元,比上年同期增长 8.4%,增幅比全市 GDP 高出 1.4 个百分点,金融业对上海 GDP 增长的贡献率达到 14.9%。

一、 2014 年上海金融业发展概况和分析

2014 年,上海金融业整体保持稳健发展态势,继续为上海转型发展提供有力支持。上海全年存贷款总量增长适度,信贷结构继续优化;金融市场有序运行,保险业加快转变发展方式;上海自贸试验区金融试点工作初见成效,金融机构聚集效应明显,金融创新继续深化,上海国际金融中心建设稳步推进。

1. 货币信贷平稳运行

2014 年 1~11 月,上海货币信贷运行总体平稳,各项存款总量小幅增长,贷款增量结构有所调整。11 月末,上海中外资金融机构本外币各项存款余额 7.22 万亿元,比上年同期增长 5%;各项贷款余额 4.75 万亿元,比上年同期增长 6.7%。

(1) 各项存款同比少增,存款分流明显

存款同比少增,下半年季末冲高效应弱化。1~11 月,全市中外资金融机构本外币存款新增 2 924.42 亿元,同比少增 2 082.24 亿元(见图 1)。上半

年,人民币存款月度增量波动较大,3 月和 6 月共新增 4 817.03 亿元,而 1 月和 4 月共减少 1 381.54 亿元,季末冲高、季初回落特征明显。3 季度存款季末冲高效应明显弱化,主要是受监管机构联合发文要求商业银行加强"存款偏离度"管理等因素的影响。

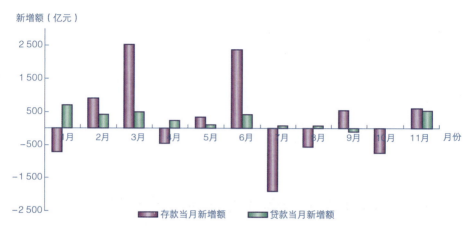

图 1　2014 年 1～11 月上海金融机构本外币存贷款情况

单位存款增长放缓,定期化趋势逐渐弱化。1～11 月,全市新增本外币单位存款 1 432.87 亿元,同比少增 1 936.19 亿元,主要是受企业加强财务收益管理,偏好高收益理财产品和银行表外授信业务的影响,单位存款不断分流。按存款品种分,全市本外币单位定期存款增加 581.83 亿元,其中上半年新增 1 209.79 亿元,7～11 月减少 627.96 亿元,单位存款定期化趋势逐渐弱化。

个人储蓄存款分流。1～11 月,全市新增本外币个人存款 227.01 亿元,同比少增 394.96 亿元;其中本外币个人活期储蓄存款减少 385.97 亿元,同比多减 404.69 亿元。以"余额宝"、"微信理财通"为代表的互联网金融产品等提高了人们对收益率的预期,个人储蓄存款向理财产品、货币市场基金和互联网金融产品等投资渠道分流。

(2) 贷款总量增长平稳,信贷结构有所调整

贷款增速放缓。1～11 月,全市中外资金融机构本外币贷款新增 3 014.19 亿元,同比少增 435.9 亿元。其中,1～3 季度各月平均新增贷款分别为

548.47 亿元、251.63 亿元和 26.96 亿元,10 月仅新增 0.59 亿元,贷款增长趋缓。一方面是由于融资结构日趋多元化分流实体经济的信贷需求,部分优质企业通过中期票据、短期融资券和企业债等直接融资工具获得大量低成本资金,形成对贷款的"挤出效应";另一方面是由于宏观经济存在下行压力,部分企业投资意愿不强,贷款需求减少,而金融机构在不良贷款率上升的情况下,贷款发放趋于谨慎。

短期贷款减少较多,贷款期限趋向中长期。从贷款期限来看,1～11 月,本外币短期贷款比年初减少 337.1 亿元,同比多减 1 142.19 亿元。其中,短期贸易融资比年初减少 301.03 亿元,同比多减 476.17 亿元,主要是受监管部门要求商业银行加强结售汇综合头寸管理、强化外汇存贷款比管理,以及打击虚假贸易等因素的影响。中长期贷款增加 2 151.92 亿元,占新增贷款的 71.4%,成为拉动上海信贷增长的主要动力。

单位贷款投向行业较为集中,重点支持中小企业发展。1～11 月,上海中外资金融机构发放的本外币企业贷款(不含票据融资)中,投向房地产业、租赁及商务服务业、电力燃气水生产供应业和建筑业的贷款分别新增 909.15 亿元、525.14 亿元、130.91 亿元和 114.02 亿元,共占新增贷款的 55.7%。从投放的企业规模来看,前三季度投放的企业贷款以中、小和微型企业为主,分别新增 509.2 亿元、502.9 亿元和 170.07 亿元,大型企业贷款减少 486.87 亿元。

保障房开发贷款新增明显,个人住房贷款增长缓慢。1～11 月,受上海保障性住房推进工作继续聚焦配套设施建设等因素影响,全市新增保障房开发贷款 153.99 亿元,同比多增 59.45 亿元,对保障房建设的支持力度持续不减。受住房市场成交低迷的影响,个人住房贷款增长缓慢,1～11 月,全市新增人民币个人住房贷款 507.62 亿元,同比少增 202.45 亿元(见图 2)。

2. 银行业资产质量有所下降,同业业务逐渐规范

银行业资产总额增长,信贷风险防控压力有所加大。11 月末,上海银行业金融机构资产总额 10.36 万亿元,同比增长 13.6%。11 月末,上海银行业

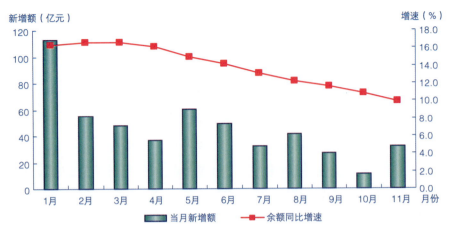

图2　2014年1～11月上海金融机构人民币个人住房贷款情况

金融机构不良贷款余额399.96亿元,比年初增加50.79亿元;不良贷款率0.93%,比年初上升0.07个百分点。主要是由于经济增速放缓,钢贸行业信贷风险集中暴露,部分涉足此类贷款较多的金融机构不良贷款增加;信贷风险出现扩散趋势,风险扩散呈现沿产业链和担保链传导、由贸易领域向生产领域传导、由异地向本市传导等特点,银行风险防控压力加大。

银行同业业务逐步规范。1～11月,上海银行业金融机构累计实现净利润944.36亿元,同比增长19.5%。金融机构盈利状况有所改善,一是因为贷款利率重新定价后贷款加权平均利率上浮,且年初贷款增加较多,银行净利息收入上升;二是因为商业银行中间业务和表外业务收入增长较快。近年来,金融机构同业业务爆发式增长,同业业务各项弊端逐渐显现。5月,监管部门发布规范同业业务的127号文和140号文,对同业业务的范围、类型、定义做出了全面细致的界定,明确叫停三方买入返售业务,在"堵邪门"的同时"开正门",鼓励金融机构加快推进资产证券化和同业存单业务。随着监管的加强,银行基本停止了新增买入返售三方模式下的金融资产受益权同业转让业务,同业业务逐渐规范。

3. 保险业充分发挥服务功能,保费收入和赔付支出同比上升

2014年,上海保险业认真贯彻落实《关于加快发展现代保险服务业的若

干意见》(新国十条),充分发挥保险保障功能、资金融通功能和社会管理功能。上海保险业进一步简化行政审批,积极支持上海自贸试验区发展;推动"税收递延型养老保险"和"老年人住房反向抵押养老保险"等试点工作;积极探索发展巨灾保险制度,出台《上海市农业保险大灾分散机制暂行办法》;推动保险行业服务"科技型、外贸型、小微型"企业发展;推动"关爱"类保险,为女性意外伤害、老年人意外伤害等提供风险保障。

上海保险市场总体保持平稳发展,保费收入和赔付支出双升。1～11月,全市原保险保费收入累计 910.85 亿元,同比上升 21.2%。其中,财产险公司原保险保费收入 291.08 亿元,增长 12.6%;人身险公司原保险保费收入 619.77 亿元,上升 25.8%。全市保险赔付支出累计 338.49 亿元,同比增长 25.5%。其中,财产险赔款支出 156.26 亿元,同比增长 9.1%;寿险给付 143.76 亿元,同比增长 53%;健康险赔款给付 33.65 亿元,同比增长 17.9%;意外险赔款支出 4.81 亿元,同比增长 20.9%。

4. 金融市场总成交额上升,各市场涨跌各异

2014 年,上海金融市场有序运行,各市场涨跌各异。经初步统计,1～11月,上海金融市场(不含外汇市场)成交总额约 613.58 万亿元(见表 1),同比增长 13.8%。

表 1　2014 年 1～11 月上海金融市场成交情况

	成交额(万亿元)	增长(%)
上海金融市场合计	613.58	13.8
上海证券交易所	105.28	36.5
♯股票	26.18	23.5
上海期货交易所	112.77	1.8
中国金融期货交易所	118.91	−8.4
全国银行间货币与债券市场	271.51	25.4
上海黄金交易所	5.11	6.2
♯黄金	3.65	24.3

注:除上海期货交易所和上海黄金交易所的成交额按双边计算外,其他市场均按单边计算。

(1) 证券市场:股市回暖,债市成交活跃

IPO重启,股票市值上升。暂停一年多的IPO在2013年年底重启。2014年1～11月,共有34家企业在上海证券交易所完成A股首次公开发行,筹资239.73亿元。1～11月,上海证券交易所通过A股首次公开发行和再次发行共筹资3 049.09亿元,筹资规模较上年同期上升35.7%。截至11月末,上海证券交易所上市股票1 030只,总市值20.13万亿元,较年初上升33.1%。

上证综指震荡上行,股票成交放大。年初上证综指以2 112.13点开盘,上半年在2 100点附近震荡。下半年,受"稳增长"定向刺激政策力度的加大、"沪港通"试点、国企改革等因素的影响,股票市场市场逐渐回暖。上证综指8月份开始稳步上升,12月末报收于3 234.68点,较年初开盘上升53.1%(见图3)。1～11月,上海证券交易所股票成交26.18万亿元,同比增长23.5%。其中,11月份月均成交2 449.79亿元,是上半年日均成交量的3.2倍。

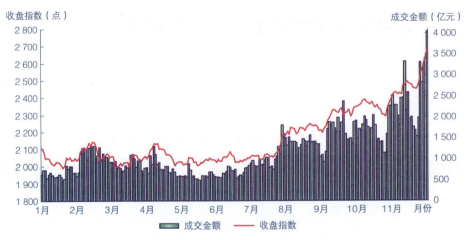

图3　2014年1～11月上海证券交易所股票指数和成交情况

交易所债券市场成交活跃。1～11月,上海证券交易所政府债、公司债和债券回购合计成交76.28万亿元,同比增长38.1%;在上海证券交易所通过发行公司债为企业筹集资金2 535.33亿元。截至11月末,上海证券交易所上市的公司债和政府债共2 542只,较年初增加856只。11月28日,上证国债指数收于145.37点,较年初上升4.2%;上证企业债指数收于181.36

点,较年初上升 8.9%。

(2) 期货市场:商品期货成交额小幅下降,股指期货相对低迷

1～11 月,按单边计算,上海期货交易所成累计交金额 56.39 万亿元,同比增加 1.8%,成交额占全国商品期货总成交额的 48.9%。上海期货交易所产品体系不断健全,热压卷板期货 3 月正式挂牌上市,进一步丰富我国钢材期货品种,为产业链提供更多套期保值机会。上海期货交易所积极筹备原油期货和镍、锡期货的上市工作,预计年底将推出原油期货和镍、锡期货。

1～11 月,中国金融期货交易所成交 118.91 万亿元,同比下降 8.4%,主要是上半年股票市场相对低迷,股票指数波动较小,投资者对于股指期货的套期保值交易需求和投机性交易需求下降,股指期货交易量减少。下半年,随着股票市场相对回暖,金融期货交易也呈现回暖趋势,其中 11 月份成交 17.45 万亿元,同比上升 52.5%。

(3) 黄金市场:黄金价格低位震荡,黄金国际板推出

1～11 月,上海黄金交易所成交 5.11 万亿元,同比增加 6.2%,其中黄金成交额 3.65 万亿元,同比上升 24.3%。年初,上海黄金交易所现货黄金主力品种 Au99.99 价格开于 238.85 元,11 月末报收于 235.5 元,盘中价格平稳,未出现大幅涨跌。

6 月 16 日,上海黄金交易所在上海自贸试验区注册成立上海国际黄金交易中心。上海黄金交易所黄金国际板于 9 月 18 日夜市起上线运行,允许境外投资者投资中国的黄金市场。推出黄金国际交易平台,是我国黄金市场国际化进程的重要举措,对确立黄金的人民币定价话语权,增强上海国际金融中心的影响力具有重要意义。

(4) 银行间市场:交易规模继续稳步扩大,银行资金面相对宽松

1～11 月,全国银行间货币与债券市场共成交 271.51 万亿元,比上年同期上升 25.4%。其中,同业拆借市场累计成交 34.77 万亿元,上升 4.4%;债券市场回购业务累计成交 200.64 万亿元,增长 39.8%;债券市场现券买卖业务累计成交 36.1 万亿元,下降 9%。受债券市场清理整顿、上年债券大量发行且到期集中、同业业务监管加强等因素影响,银行间现券交易活跃度同比下降,回购交易量增加。

2014 年,央行灵活开展公开市场双向操作,搭配使用短期流动性调节工具(SLO)、常备借贷便利(SLF)和定向降准等工具调节流动性水平,稳定银行间市场流动性。除春节前和季度末出现季节性利率上升,多数时期银行间市场资金面整体相对宽松。

5. 上海国际金融中心建设稳步推进

(1) 上海自贸试验区金融试点工作初见成效

一是上海自贸试验区金融制度框架初步形成。上海自贸试验区自挂牌以来,"一行三会"共推出 51 条创新举措,形成以自由贸易账户体系、投融资汇兑便利、人民币跨境使用、利率市场化、外汇管理改革等为重点的金融制度框架和监管模式。二是部分国际金融交易平台陆续推出。上海国际黄金交易中心落户上海自贸试验区;上海证券交易所探索在上海自贸试验区内设立国际金融资产交易平台;中国金融交易所、上海清算所、上海股权托管交易中心等金融要素市场在积极研究面向国际的金融服务。三是上海自贸试验区金融机构聚集效应显现。截至 11 月底,上海自贸试验区内已有持牌金融机构 110 家,其中,中资银行分行 22 家,外资银行支行 23 家,非银行金融机构 6 家;保险公司分支机构 14 家;证监会审批的金融分支机构和再投资项目 19 家;支付结算机构 24 家,交易平台 2 家。融资租赁等类金融机构609 家。

(2) 金融机构进一步集聚,金融产品和工具不断丰富

一是总部型、功能性金融机构集聚发展。中国民生投资股份有限公司、农业银行上海管理总部等功能性金融机构落户上海;"金砖"国家开发银行7 月在上海成立;上海首家民营银行—上海华瑞银行 9 月 29 日获批准设立。二是金融市场业务进一步拓展。银行间外汇市场分别推出人民币对新西兰元、对英镑直接交易;上海清算所正式推出人民币利率互换集中清算业务;上海证券交易所和香港联合交易所于 11 月 17 日正式启动沪港通股票交易互联互通机制试点;上海期货交易所积极推进原油期货等期货上市工作,进

一步丰富上海期货交易品种；上海积极筹建保险交易所，探索建立区域性再保险中心。

(3) 跨境人民币业务快速发展

2014 年上海跨境人民币结算业务快速发展。1～11 月，上海辖内 88 家人民币跨境收付信息管理系统（RCPMIS）用户银行中共有 83 家报送跨境人民币结算业务，业务量共计 16 679 亿元，其中 11 月新增 1 990 亿元。人民银行上海总部先后出台关于扩大人民币跨境使用、分账核算业务等上海自贸试验区相关实施细则，推动跨境人民币业务创新。上海银行等 7 家银行及农业银行上海分行先后通过风险审慎合格评估，提供自由贸易账户相关金融服务。自由贸易账户的开立，是探索投融资汇兑便利、扩大金融市场开放和防范金融风险的一项重要制度安排，具有重要意义。

二、 2015 年上海金融业发展趋势判断

2015 年，国际形势仍然错综复杂，国内经济发展将继续着眼于改革创新、转型升级和改善民生，上海金融业发展机遇与挑战并存。

1. 信贷投放规模将继续保持适度

2014 年 11 月 21 日，人民银行宣布下调金融机构人民币贷款和存款基准利率，将存款利率浮动区间的上限由存款基准利率的 1.1 倍调整为 1.2 倍。央行此次非对称降息是两年多来首次降息，有助于加快存款利率市场化进程，降低实体经济融资成本。2015 年，从贷款需求来看，有效贷款需求不足的问题将依然突出。目前，贷款需求仍然主要集中于房地产业（包括开发贷款和个人住房贷款）和政府融资平台等领域。宏观经济下行压力仍较大，企业扩大再生产和投资意愿不足，加上融资渠道多元化，贷款需求扩张有限。从贷款供给角度看，受资本充足率下降、信用风险上升以及同业业务监管加强等因素的影响，银行放贷将趋于谨慎。预计 2015 年上海金融机构本外币贷款投放规模将保持适度。

2. 互联网金融持续发展倒逼传统金融业加速创新转型

2013 年是"中国互联网金融元年",经过近两年的发展,出现以阿里巴巴、百度、腾讯、P2P 公司和第三方支付机构等为代表的互联网金融发展格局。2015 年,互联网金融的持续发展,将继续分流传统银行的存贷款、支付等业务,加速资金脱媒,使得银行资金中介功能边缘化,弱化银行的客户和渠道优势,倒逼银行尤其是中小商业银行加快金融创新,借助互联网降低经营成本,转换业务模式。互联网金融的发展,也将继续对保险、证券、基金等传统金融行业的发展产生影响,促使这些传统金融机构加强与互联网的融合,加强创新,更好地满足经济社会发展的需要。

3. 上海自贸试验区金融创新成果将逐步出现溢出效应

2014 年 6 月,小额外币利率市场化改革措施在全市范围推广,是第一项走出上海自贸试验区、推广复制到区外的金融改革政策;跨境人民币资金集中运用等金融改革措施逐渐复制推广至区外。2015 年,随着上海自贸试验区金融试点工作的深入开展,在风险可控的情况下,预计将会有更多的金融改革措施走出自贸区,在全市乃至全国范围内推广,为全国推进相关改革积累可复制、可推广的经验。

三、 2015 年促进上海金融业稳健发展的对策建议

2015 年,上海金融业要继续以支持实体经济发展为出发点和落脚点,贯彻执行稳健的货币政策,落实金融支持上海自贸试验区建设的各项措施,加快金融改革创新,防范各类金融风险,为经济转型升级提供有力支持。

1. 优化信贷资源配置,提高金融服务实体经济的能力

(1) 用好信贷增量,调整信贷投放结构

上海金融业要合理把握信贷投放总量和投放节奏,实施差异化的信贷投放政策,引导资金流向实体经济,确保信贷投放与实体经济发展需求和运行节奏相适应。一是要加大对节能环保、战略性新兴产业、传统产业改造升级等方面的金融支持力度,严格控制对产能过剩行业新增项目、违规在建项目和环境违法企业的新增授信,促进产业结构调整。二是要继续完善民生金融服务,加大对扩大就业、扶贫、助学等民生工程的金融支持力度,继续支持保障房建设和棚户区改造。三是要引导信贷资源向教育、健康医疗、文化传媒等社会服务业倾斜,努力发展消费金融,促进消费升级。

(2) 加大对小微企业的信贷支持力度

商业银行要进一步优化小微企业贷款管理,采取续贷提前审批、设立循环贷款等方式,缩短融资链条,提高贷款审批发放效率;重视借助互联网、大数据等信息技术手段进一步提升银行业向中小企业提供金融服务的风险管理能力和水平,降低小微企业贷款成本。大力发展支持小微企业等获得信贷服务的保险产品,开展"保险＋信贷"合作。推动小贷公司、融资担保机构介入央行征信系统,进一步拓宽中小企业融资渠道。

2. 加强创新,推进上海自贸试验区金融试点和上海国际金融中心联动建设

(1) 努力使金融改革先行先试落到实处

一是要促进相关政策的落地,在利率市场化、稳步开放资本市场等方面出台相关实施细则,进一步完善上海自贸试验区金融创新制度体系。二是基于上海自贸试验区已落地的实施细则,推动金融机构与客户对接,进一步巩固和扩大区内人民币双向资金池、离岸业务、自由贸易账户等创新业务的客户使用率,使金融试点落到实处。三是要继续推动上海自贸试验区金融

服务业对内和对外开放,加快上海自贸试验区金融平台建设,积极有序扩大
外资、民资进入区内金融业。

(2) 进一步优化各金融市场功能

继续推进"沪港通"试点,促进中国内地与香港资本市场双向开放和健
康发展,在与国际市场更深度的融合中,不断提升资本市场对外开放的层次
和水平。加强期货市场产品创新,进一步完善原油等大宗商品期货市场,提
高我国大宗商品定价能力,建立与实体经济开放程度相符合的国际型期货
市场。继续推进同业存单发行和交易,探索发行面向企业及个人的大额存
单,继续培育上海银行间同业拆借利率(Shibor)和贷款基准利率(LPR),建
设较为完善的市场利率体系。加强跨境人民币清算渠道研究,继续推进人
民币跨境支付系统(CIPS)及其运营机构的构建工作,为上海发展成为全球
人民币清算中心奠定坚实的基础。进一步落实《关于加快发展现代保险服
务业的若干意见》,做好"税收递延型养老保险"和"老年人住房反向抵押养
老保险"试点工作,推进保险交易所和区域性再保险中心建设。

(3) 积极防范各类金融风险

2015 年,经济存在下行压力将使得产能过剩行业、房地产、地方政府债
务等潜在风险逐渐显性化,上海金融业要注意防范地方政府融资平台、产能
过剩行业和房地产行业贷款信用违约风险。商业银行要加强对不良资产的
处置,改进风险预防和控制体系,使不良资产和不良资产率控制在合理的水
平。美国退出量化宽松政策可能会对国际大宗商品和新兴国家的资本市场
产生冲击,加大我国资本流动的不确定性,要注意防范资本市场和期货市场
的相应风险。

2014 年上海房地产市场评估
与 2015 年预测

2014 年,上海继续按照"以居住为主、以市民消费为主、以普通商品住房为主"的原则,不断完善房地产市场体系和"四位一体"的住房保障体系。同时,上海认真贯彻执行各项房地产市场调控政策,执行差别化住房信贷、税收政策和住房限购等力度不减,有效抑制了投资和投机性需求,同时继续增加普通商品住房土地供应。

一、 2014 年上海房地产市场基本情况

在经历了 2013 年楼市交易繁荣、房价较快上涨后,2014 年上海房地产市场经历了一轮调整,表现为开发投资增速回落,楼市销售量缩价跌,项目建设到位资金减少,但在四季度限贷放松、普通商品住房标准调整及贷款利率下降的多重因素影响下,楼市出现回暖走势,同时全市保障性住房建设和筹措目标顺利完成。

1. 上海房地产开发建设情况

(1) 上海房地产开发投资增速回落,占全社会固定资产投资比重上升

预计 2014 年,上海房地产开发投资约 3 100 亿元,比上年增长 10%左右,增幅较上年回落约 8.4 个百分点。其中 1~11 月,房地产开发投资 2 894.9 亿元,比上年同期增长 12.9%。2014 年,上海房地产开发投资增幅呈现前三季度个位数水平,四季度达到两位数(见图 1)。1~11 月,上海房地产开发投资占全社会固定资产投资比重继续上升,达 55.3%,高出上年同期 3 个百分点。

从房屋类型看,1~11 月上海住宅投资 1 569.41 亿元,比上年同期增长

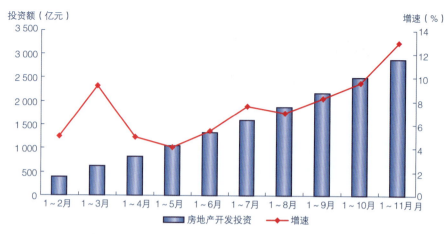

图1　2014年1～11月上海房地产开发投资情况

8.1%，占全部房地产开发投资的54.2%；办公楼投资482亿元，增长34.3%，占16.7%；商业营业用房投资421.87亿元，增长26.4%，占14.6%。非住宅投资快于住宅投资。

从投资结构看，1～11月上海房地产开发投资中的建安工程投资1 818.52亿元，比上年同期增长8.1%，占全部房地产开发投资的62.8%；土地购置费844.41亿元，增长45.4%，占29.2%，比上年同期提升6.6个百分点。

从项目规模看，1～11月完成投资超10亿元的房地产开发项目有38个，比上年同期增加4个，共计投资666.63亿元，比上年同期增长24.7%，高出全市房地产开发投资增速11.8个百分点。

从投资主体看，1～11月上海国有房地产企业投资196.6亿元，比上年同期下降45.9%；非国有投资2 698.3亿元，增长22.5%。在非国有房地产企业中，股份制企业投资1 345.42亿元，增长15.8%；私营企业投资767.57亿元，增长27.6%；港澳台企业投资401.07亿元，增长95.6%；外商企业投资174.12亿元，增长11.2%。

（2）上海房屋新开工及竣工面积小幅增长

2014年，上海房地产开发投资增幅较2013年明显回落，且投资增长更多的是依赖土地购置费的快速增长。受此影响，上海房屋新开工及竣工面积小幅增长。1～11月，上海房屋施工面积14 398.35万平方米，比上年同期增长7.1%；其中住宅8 351.52万平方米，增长2.9%。

1～11 月,上海房屋新开工面积 2 580.4 万平方米,比上年同期增长 6.9％。其中住宅 1 408.25 万平方米,下降 4.5％;非住宅 1 172.14 万平方米,增长 24.8％。10 月起,上海房屋新开工面积结束了长达 31 个月同比下降的走势。受此影响上海房屋竣工面积 11 月起同比出现增长。1～11 月,上海房屋竣工面积 1 757.04 万平方米,比上年同期增长 2.5％;其中住宅 1 191.6 万平方米,增长 13.1％(见表 1)。

表 1　2014 年 1～11 月上海房屋建设情况

指　标	新开工面积 (万平方米)	增速 (％)	竣工面积 (万平方米)	增速 (％)
全部房屋	2 580.40	6.9	1 757.04	2.5
＃住宅	1 408.25	－4.5	1 191.60	13.1
办公楼	330.58	34.4	119.88	－26.1
商业营业用房	392.29	52.0	167.97	－10.8

(3) 上海房地产项目建设本年到位资金同比下降

受销售房款减少和银行业规范表外业务等因素影响,1～11 月上海房地产项目建设本年到位资金 4 614.61 亿元,比上年同期下降 0.3％。从资金来源渠道看,四大类资金中除国内贷款同比增长外,其他各渠道资金均出现下降(见表 2)。

表 2　2014 年 1～11 月上海房地产项目建设本年到位资金情况

指　标	资金(亿元)	增速(％)	比重(％)
本年到位资金合计	4 614.61	－0.3	100.0
国内贷款	1 499.00	26.5	32.5
利用外资	9.42	－74.0	0.2
自筹投资	1 405.66	－2.2	30.5
其他资金	1 700.53	－13.7	36.8
＃定金及预付款	1 271.87	－10.0	27.6
个人按揭贷款	227.39	－31.2	4.9

据人民银行上海总部统计,截至 2014 年 11 月末,上海中资商业银行本

外币房地产贷款余额 12 206.36 亿元,比上年同期增长 16.4%。其中,房地产开发贷款余额 5 394.92 亿元,增长 16.4%;个人购房贷款余额 6 359.74 亿元,增长 9.5%。

2014 年,上海新建及存量住房销售量均出现下降。受此影响,1～11 月上海公积金贷款当年发放贷款 427.82 亿元,比上年同期下降 25.1%,而上年同期则大幅增长 53.9%。

2. 上海房地产市场销售呈现"量缩价跌"局面

上海始终严格贯彻落实国家和市级各项房地产调控政策措施,采取差别化住房信贷、税收、住房限购、增加土地供应等综合措施,抑制投资和投机性购房需求。由于房价上涨预期出现分歧,买卖双方持续观望,导致市场交易萎缩,呈现"量缩价跌"局面。

(1) 新建房屋销售面积降幅近两成

一方面由于 2013 年楼市交易繁荣,成交面积明显高于正常年份,导致上年基数较高;另一方面由于市场在经历一轮调整,观望情绪浓厚,导致 2014 年上海新建房屋销售面积减少,降幅近两成(见图 2)。1～11 月,上海新建房屋销售面积 1 747.99 万平方米,比上年同期下降 18.8%;其中住宅 1 503.66 万平方米,下降 18.6%。

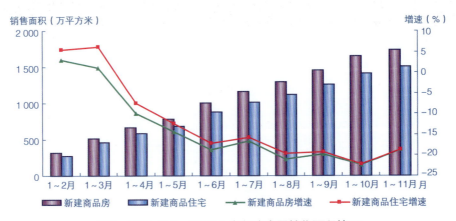

图 2　2014 年 1～11 月上海新建房屋销售面积情况

　　从成交结构看,市场化新建住宅成交减少是全市新建住宅销售面积同比下降的主要原因。1～11 月,上海市场化新建住宅销售面积比上年同期下降 31.2%,而保障性住宅仅下降 3%。从历史成交量看,自 2013 年 12 月至 2014 年 9 月上海市场化新建住宅单月成交面积连续 10 个月低于近 5 年来月均成交水平(见图 3)。

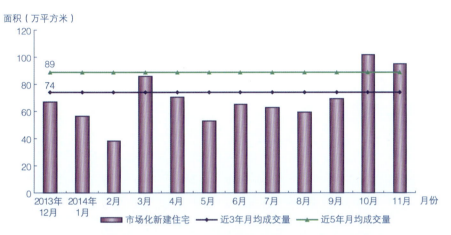

图3　**2014 年 1～11 月上海市场化新建住宅单月成交面积情况**

(2) 存量房市场交投更为冷清

　　卖方撤牌惜售、买方谨慎入市,买卖双方因市场环境低迷,不约而同选择了观望,相比新建房市场,存量房交投显得更为冷清。据上海市房地产交易中心统计,1～11 月上海存量房网签面积 1 510.59 万平方米,比上年同期下降 41.4%;其中存量住宅 1 286.06 万平方米,下降 43.9%。从月度数据看,在四季度出台的一系列刺激楼市政策作用下,11 月上海存量住宅网签面积创出年内新高为 164.76 万平方米,但总体而言,2014 年市场成交低位运行(见表 3)。

(3) 住宅销售价格由升转降

　　2014 年,上海房地产市场总体仍处于市场调控和住房贷款双偏紧的政策环境、住宅供给充足而购房者观望情绪较浓的市场环境。因此,全年来看,住宅销售市场成交相对低迷,销售价格由升转降。

　　住宅销售市场成交相对低迷。从新建商品住宅看,自年初开始受"沪七条"政策及节假日因素影响,2 月成交最为惨淡,全月仅成交 3 502 套,比上年

表3　2014年1～11月上海存量房及存量住宅网签情况

月份	存量房		存量住宅	
	面积(万平方米)	环比增速(%)	面积(万平方米)	环比增速(%)
2月	102.06	−31.2	94.05	−20.7
3月	177.90	74.3	159.90	70.0
4月	151.46	−14.9	128.31	−19.8
5月	121.18	−20.0	103.30	−19.5
6月	115.00	−5.1	94.36	−8.7
7月	110.90	−3.6	94.31	−0.1
8月	122.02	10.0	101.29	7.4
9月	121.91	−0.1	97.73	−3.5
10月	152.14	24.8	129.45	32.5
11月	187.67	23.4	164.76	27.3

同期减少19.9％；3月受新增供应量激增及传统"小阳春"季节影响,成交量达到8 296套,比上月增加1.37倍;4～5月,随着市场观望情绪的进一步蔓延,住宅市场成交量逐月下滑,5月新建商品住宅成交4 905套,较4月下滑近三成;6～9月,新建商品住宅月成交量均在6 000套上下波动。10～11月,受陆续出台的关于首套房认定、公积金政策、普通住宅标准调整、降息等一系列政策影响,新建商品住宅成交量有所上升,分别为9 186套和8 703套。纵观2014年,除7月外,其他月份的新建商品住宅成交量均低于上年同月规模(见图4)。

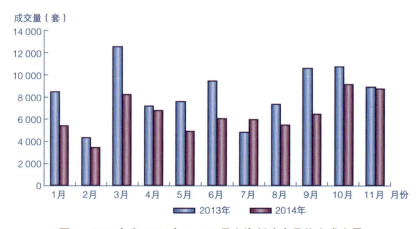

图4　2013年和2014年1～11月上海新建商品住宅成交量

从二手住宅看,1~11 月上海二手住宅共成交 160 598 套,相比上年同期减少 42.5%。从单月成交看,11 月成交 20 311 套,是前十一个月的成交峰值,相当于上年同月的九成左右。纵观 2014 年,上海二手住宅单月成交套数均少于上年同月水平。

1~11 月,上海获得预售许可证的商品住宅共 90 833 套,比上年同期增加 3.2%。其中 9 月新增 11 178 套,为 2014 年以来的单月新高。在成交量下降和供应量增加共同作用下,2014 年上海新建商品住宅库存屡创新高。截至 11 月底,上海新建商品住宅可供销售套数为 87 340 套,比上年同期增加 39%。从各月库存情况看,除 4 月库存减少 1 235 套外,其余各月均呈上升态势(见表 4)。不断增长的库存压力,一定程度上抑制了房价上涨。

表 4　2014 年 1~11 月上海新建商品住宅各月末库存

	1 月	2 月	3 月	4 月	5 月	6 月	7 月	8 月	9 月	10 月	11 月
新建商品住宅月末库存(套)	64 602	65 698	67 568	66 333	67 830	73 030	76 170	78 350	83 389	84 601	87 340

从购房人群构成看,存在刚需客户占比下降、改善型客户占比上升的趋势。据上海中原地产统计,2014 年该公司二手房成交案例中,刚需客户与改善型客户之比为 4∶6,而 2013 年下半年这一比例为 5∶5;据 21 世纪不动产统计,上半年该公司刚需客户与改善型客户之比为 7∶3,下半年可能转变为 6∶4。

住宅销售价格由升转降。2014 年,上海住宅销售价格并未延续 2013 年连续上涨的趋势,呈先升后降态势,但下半年降幅开始收窄。新建商品住宅和二手住宅销售价格走势基本一致,仅是波动幅度有所不同。

从环比变动看,1~4 月上海新建商品住宅价格温和上升,但升幅回落;5 月,新建商品住宅价格出现自 2012 年 6 月以来的首次环比下降,降幅为 0.3%;6~11 月,价格继续下降,月环比降幅均在 0.5%~1.4% 之间。1~11 月,上海新建商品住宅价格环比累计下降 4.3%。从同比指数看,受上年基数的影响,1~8 月,上海新建商品住宅价格同比仍呈上升态势,但升幅逐月回落,9 月出现自 2012 年 12 月以来的首次同比下降,降幅为 0.9%。10~11 月,同比继续下降,降幅分别为 2.4% 和 3.5%。1~11 月,上海新建商品住宅销售价格比上年同期上升 8%。

在新建商品住宅中,套面积在 144 平方米以上的新建商品住宅(以下简称"大面积户型")价格降幅最大。受住房限购政策及贷款政策中对"首套房"认定标准的影响,上海低总价、小面积房源较受欢迎,从而影响到大面积户型需求,致使其价格降幅较大。从价格指数看,1～4 月,大面积户型的环比升幅,有 3 个月低于或等于套面积在 90 平方米及以下和 90～144 平方米两种户型;从 5 月开始,上海新建商品住宅环比价格由升转降,5～11 月,大面积户型价格环比降幅有 5 个月大于或等于其他两种户型。1～11 月,大面积户型房源价格环比累计下降 4.9%,降幅大于其他两种户型 1.9 个和 0.9 个百分点。

国家统计局数据显示,11 月全国 70 个大中城市新建商品住宅环比价格下降的有 67 个,持平的有 3 个。1～11 月,上海新建商品住宅销售价格环比累计下降 4.3%。在北京、上海、广州、深圳等 4 个一线城市中,上海降幅大于北京和深圳,小于广州;从同比指数看,1～11 月,上海新建商品住宅销售价格比上年同期上升 8%,升幅为一线城市最高,高出第二位的北京 0.7 个百分点(见表 5)。

表 5　2014 年 1～11 月一线城市新建商品住宅价格指数

城市	11 月				1～11 月			
	上月价格=100	排序	上年同月=100	排序	上年 12 月=100	排序	上年同期=100	排序
北京	99.7	2	97.4	2	96.8	2	107.3	2
上海	99.5	4	96.5	3	95.7	3	108.0	1
广州	99.6	3	96.2	4	95.6	4	107.0	4
深圳	100.0	1	98.0	1	97.5	1	107.2	3

注:表中数据由国家统计局反馈数据计算,或有小数位差异。

2014 年,上海二手住宅成交价格走势与新建商品住宅基本一致。1～3 月,二手住宅成交价格环比小幅上升;4 月价格持平;5 月开始价格出现环比下降,降幅均在 0.2%～0.9% 之间,10～11 月,环比价格呈平稳态势。1～11

月,上海二手住宅成交价格环比累计下降 2.4％,降幅比新建商品住宅低 1.9 个百分点(见图 5)。从同比指数看,前八个月,二手住宅成交价格同比升幅由 1 月的 13.2％逐月回落至 8 月的 1.7％;9～11 月价格出现同比下降,降幅均在 0.1％～1.7％之间。1～11 月,上海二手住宅成交价格比上年同期上升 5.2％。根据国家统计局公布的数据,2014 年 1～11 月,上海二手住宅环比累计降幅大于广州和深圳,小于北京;同比升幅在一线城市中排名末位。

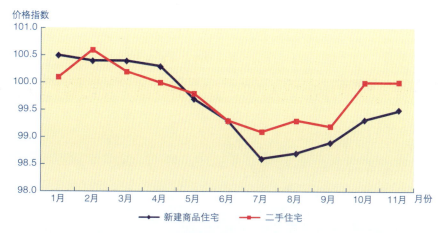

图 5 2014 年 1～11 月上海新建商品住宅和二手住宅环比价格指数

购房者观望情绪较浓,成交进度较慢。 2014 年,购房者对上海房地产市场表现为信心不足,观望情绪较浓。对新建商品住宅,开发商在开盘时基本会给出一定程度的优惠,如抵扣购房款,按时签约另外给一定折扣等;对二手住宅,房东在交易过程中会有小幅让价的行为,但购房者对价格下调的预期较强,双方僵持导致成交动力不足。尽管 4 季度出台的政策对市场有明显刺激,10 月和 11 月上海住宅销量有大幅提升,但仍未达到上年同月水平。加上年底本身就是销售淡季,因此政策的影响力要到 2015 年 1 季度以后才能真正显现。总体而言,2014 年上海楼市观望情绪较浓,成交低位运行。

3. 上海保障性住房建设和筹措目标顺利完成

2014 来,上海根据经济社会发展情况和"四位一体"、租售并举住房保障体系的衔接要求,继续放宽廉租住房和共有产权保障住房的准入标准,不断扩大保障性住房政策的覆盖面和受益面,进一步优化相关政策口径,以确保更加合理地分配和使用住房保障资源。同时,上海加快了保障性安居工程基地的各项配套设施建设进度,并引进优质教育卫生和商业资源、优化公交出行、建立公用基础设施共建共享机制、丰富文体设施。

据上海市住房保障和房屋管理局统计,1～11月上海新开工建设及筹措各类保障性住房(含旧住房综合改造)5.36万套,达到年度目标套数的97.5%(见表6),预计到12月末将完成全年目标。

表6 2014年1～11月上海保障性住房新开工(筹措)情况

类 别	全年目标套数(万套)	完成套数(万套)	完成进度(%)
保障性住房	5.50	5.36	97.5
♯征收安置住房	2.20	2.22	100.9
公共租赁住房	0.80	0.62	77.5
旧住房综合改造	2.50	2.52	100.8

1～11月,上海保障性住房竣工814.47万平方米(11.28万套),提前完成全年目标。其中征收安置住房竣工490.79万平方米(5.83万套);共有产权保障住房98万平方米(1.48万套);公共租赁住房95.68万平方米(1.47万套)。

二、 2014年上海房地产市场存在的主要问题

2014年,上海房地产市场出现了一轮调整走势,需要关注市场调整可能引发的风险,好在目前市场有转暖的迹象。当前,上海房地产市场主要存在三方面的问题。

1. 投资增长后续支撑不足

2014年,上海房地产投资基本在个位数区间增长,与2013年20%以

上的增速相比有较大幅度的回落,投资增长后续支撑不足的隐忧已经有所显现,主要表现为:一是实体工作量占比下降,1～11 月建筑工程投资1 615 亿元,占全部房地产投资的 55.8%,比上年同期回落 2.9 个百分点;二是项目开工量长期下降,1～11 月住宅新开工面积比上年同期下降4.5%,连续 33 个月同比下降;三是投资增长更多依赖土地购置费的快速增长,1～11 月土地购置费增长 45.4%,增幅高出全部房地产 32.5 个百分点。此外,房地产投资比重持续走高也需引起重视,1～11 月上海房地产开发投资占全社会固定资产投资比重达到 55.3%,比 2013 年全年高出5.4 个百分点。

2. 市场化住宅供应有压力

通过连续几年实施限购限贷等调控政策,目前上海投资和投机购房需求得到了有效抑制。2014 年以来市场经历了一轮调整,表现为投资增速回落,新开工面积减少,销售量萎缩。但 9 月底,央行调整了首套房认定标准,市场预期发生变化,市场出现回暖迹象。从中长期看,上海人多地少、住房刚性需求和改善性需求旺盛的情况并未改变,因此保证一定量的后续供应显得十分必要。1～11 月,上海市场化住宅新开工面积下降 9.7%,预示着今后一段时间市场化住宅供应仍有一定的压力。

3. 市场供需呈现结构性矛盾

从分户型供需结构看,呈现出结构性矛盾。11 月末,140 平方米以上市场化新建住宅可售面积占全部可售面积接近六成,而 1～11 月销售量中140 平方米以上的有 256.1 平方米,仅占 33.8%,照此销售速度,去化周期约32 个月。1～11 月中小户型(90 平方米以下)市场化新建住宅销售面积189.7 万平方米,占全部销售的 25%,而目前中小户型的可售量仅占全部可售量的 13.1%,其去化周期约为 10 个月。如果市场回暖,供应可能出现不足,不能满足市场需求,从而引发房价上涨(见表 7)。

表 7　市场化新建住宅供需结构情况

指　　标	2014 年 11 月末网上可售面积(万平方米)	占比(%)	2014 年 1～11 月销售面积(万平方米)	占比(%)
市场化新建住宅	1 288.0	100.0	757.8	100.0
90 平方米以下	168.4	13.1	189.7	25.0
90～140 平方米	373.1	28.9	312.0	41.2
140 平方米以上	746.5	58.0	256.1	33.8

三、 2015 年上海房地产市场趋势判断

从宏观经济面看,当前面临的经济形势依然错综复杂,上海将坚定稳增长的决心,预计房地产投资仍将保持一定的规模。从资金面看,国家强调执行稳健的货币政策,同时实施定向宽松,总体上有利于楼市的稳定;银行业规范表外业务力度不减,导致房地产开发企业资金趋紧(表外业务占开发企业融资比例约 40%),这将迫使企业通过扩大销售回笼资金;在利率市场化背景下,影响住房需求的贷款利率水平难有实质性下降,企业融资成本将继续处于高位。从政策面看,近期一系列刺激楼市的政策一定程度上改变了市场的预期。综合判断,2015 年上海房地产开发投资将小幅增长,市场销售会有所回暖。

1. 开发投资小幅增长

从建设角度,2014 年上海房地产开发投资增幅呈现回落,但房屋新开工面积和竣工面积在长期下降后出现增长走势,土地市场成交依旧活跃,保障住房供地面积增加,土地购置费增长;从外部环境看,经济要稳定增长需要投资保持一定的力度,企业资金融资成本居高不下也会加大建设成本。同时,投资增长倚重土地费用,建安实体投资后续支撑不足的隐忧也存在。因此,综合判断 2015 年房地产开发投资将小幅增长。

2. 市场销售有所回暖

2014 年上海房地产市场出现调整走势,主要原因是住房信贷收紧、市场预期发生变化。但是,随着 9 月底央行调整了首套房的认定标准,11 月 20 日上海普通住房标准调整,11 月 21 日央行下调金融机构人民币贷款和存款基准利率,市场预期出现转向,市场出现转暖迹象。由于企业融资成本上升,去库存并加快新增供应以回笼资金是房地产开发企业的必然选择。同时,上海市场化新增住宅后续供应面临一定的压力,特别是中小户型。因此,预计 2015 年上海楼市销售将有所回暖。

四、 上海房地产市场平稳发展的对策建议

房地产市场平稳发展,不仅有利于房地产市场本身可持续发展,同时也有利于宏观经济健康发展。目前,对于上海这样的特大型城市,应保持当前各项政策的相对稳定性,同时密切关注市场动向,必要时适当加以微调,调节供需关系,避免因房地产市场波动对宏观经济产生影响。

1. 加大中小户型普通商品住房建设用地供应力度

从商品住房供求结构看,2014 年 11 月末上海 90 平方米以下中小户型商品住房网上可售面积为 168.4 万平方米(占比为 13.1%),1~11 月成交面积为 189.7 万平方米(占比为 25%),供应明显不足。建议切实采取措施,按照"调整特大城市供地结构,提高住宅用地比例和土地容积率"的要求,加大中小套型普通商品住房建设用地供应。同时,当前大户型销售周期长达 32 个月,通过提高大户型住宅的预售标准,拉长销售回款时间,在一定程度上引导房地产开发商减少大户型住宅建设。

2. 继续严格执行住房限购等调控政策

由于上海这座特大型城市的人口导入压力巨大,央行调整首套房的认定标准导致市场预期出现转暖,后期供应又相对不足,特别是结构性供需矛盾明显。因此,需要继续严格执行抑制投资和投机性需求的调控政策,强化合理住房消费的引导和正确的舆论导向。同时,继续加强市场监管,查处违法违规行为,维护市场交易秩序。

3. 加强对商办等非居住用房的监管

在住宅限购的背景下,前期上海商办等非居住用房投资较快。当前,商办用房新开工面积增速仍然偏快,1～11月办公楼新开工面积增长 34.4%,商业营业用房新开工面积增长 52%。据专业研究机构统计,目前上海商业用房人均面积已超过香港,风险需要关注。部分开发企业以"类住宅"名义建设和销售商办用房,误导购房人,易产生矛盾纠纷;部分开发企业建设和销售商铺类商业用房(特别是小分割的产权商铺),极易引发市场风险。建议在项目审批、售楼广告、签约交易等环节加强监管,出台相应措施,保障购房人权益。

4. 强调发挥市场配置资源的作用

2014 年以来,上海房地产市场出现了一系列新的变化,开发投资增速回落,销售量减少,房价上涨的趋势发生了改变,这对宏观经济的增长和地方财政收入都产生了一定的压力。但是,必须认识到这一轮调整是在外部政策没有发生变化的背景下,市场机制的自发调整。从调控思路上,今后依然要坚持分类调控,强调发挥市场在资源配置中的决定性作用,保持定力,不急于出台刺激政策,不干扰市场机制发挥作用。

分 报 告

价格篇

2014 年上海生产价格评估与 2015 年预测

2014 年,世界主要经济体回暖缓慢,国内经济增速进一步回落,使得总需求继续走弱,而主要工业行业产能过剩继续存在,造成工业品市场整体供过于求的格局依然难以改变,再加上年内石油、铁矿石等基础原材料价格大幅回落,致使上海工业生产者价格继续在低位徘徊,年内各月同比价格指数走势呈"倒 V"形,但总体处于下降通道之中。预计 2014 年,上海工业生产者出厂价格总水平比上年下降 1%左右,购进价格总水平比上年下降近 4%。

一、 2014 年上海工业生产者出厂和购进价格运行情况分析

1. 工业生产者价格总体情况

(1) 出厂价格同比、环比均小幅下降

2014 年 1～11 月,上海工业生产者出厂价格环比累计下降 1.8%,同比下降 1%,降幅分别比上年同期收窄 0.5 个和 0.8 个百分点。从近三年走势看,2012 年 1 月开始,上海工业生产者出厂价格同比由升转降,当月降幅为 0.2%,此后两年价格持续小幅下降。2014 年,同比价格指数呈"倒 V"形走势,但价格水平总体处于下降通道之中,其中 1～6 月价格降幅逐步收窄,7 月出现短暂回升,但升幅仅为 0.1%,8 月开始再次转为下降,降幅在 0.1%～1.8%之间(见图 1)。初步预计,2014 年 12 月上海工业生产者出厂价格总水平将继续小幅下降。

(2) 购进价格连续第三年出现同比下降

2014 年 1～11 月,上海工业生产者购进价格环比累计下降 5.5%,同比

下降 3.8%，降幅分别比上年同期扩大 2.2 个和 0.3 个百分点。从近三年走势看，自 2012 年 1 月上海工业生产者购进价格首次出现同比下降开始，至 2014 年 11 月，已经连续下降 35 个月，降幅在 0.2%～8.2% 之间。从两大指数的差距看，1～11 月，购进价格同比降幅要大于出厂价格 2.8 个百分点，此差距比上年同期扩大了 1.1 个百分点（见图 1）。初步预计，2014 年 12 月上海工业生产者购进价格总水平将继续小幅下降。

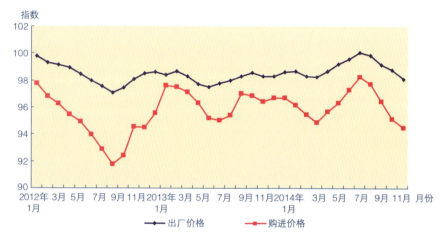

图 1　2012 年以来上海工业生产者出厂价格和购进价格月度同比指数

2. 工业生产者价格运行特点

（1）生产资料产品出厂价格同比降幅大于生活资料价格 0.5 个百分点

2014 年 1～11 月，上海生产和生活资料两大部类产品出厂价格同比均下降。生产资料产品出厂价格下降 1.1%，其中，原料类和加工类产品价格分别下降 1.3% 和 1.1%，采掘类产品价格则上升 3.8%；生活资料产品出厂价格微降 0.6%，其中，一般日用品和耐用消费品类产品出厂价格分别下降 0.9% 和 1.2%，衣着和食品类产品出厂价格则均微升 0.4%。分月看，2014 年前 11 个月，生产资料产品出厂价格各月同比波动幅度在 -2.2%～0.1% 之间，其中 11 月降幅最大，7 月则微升 0.1%；生活资料产品出厂价格各月同比降幅在 0.1%～1.3% 之间（见表 1）。

表 1　2014 年 1～11 月上海生产和生活资料产品价格同比升降幅度(％)

类 别	1 月	2 月	3 月	4 月	5 月	6 月	7 月	8 月	9 月	10 月	11 月
生产资料	− 1.3	− 1.8	− 1.9	− 1.5	− 0.9	− 0.5	0.1	− 0.1	− 1.0	− 1.5	− 2.2
生活资料	− 1.3	− 1.2	− 1.2	− 0.9	− 0.5	− 0.2	− 0.1	− 0.1	− 0.3	− 0.2	− 0.3

(2) 产品出厂价格同比下降行业达 57.1％

2014 年 1～11 月,在上海调查的 35 个工业行业中,产品价格同比下降的行业有 20 个,下降面达到 57.1％,但是较上年同期收窄 22.9 个百分点。2014 年,对上海工业生产者出厂价格总指数产生明显影响的有 7 个行业。其中,有色金属冶炼和压延加工业、金属制品业产品出厂价格分别下降 4.1％、3.5％,降幅居前列(见表 2)。

表 2　2014 年 1～11 月对上海总指数影响较大的工业行业价格变化情况

类　　别	价格变化幅度 (％)	对总指数影响程度 (百分点)
工业生产者出厂价格	− 1.0	
♯石油加工、炼焦和核燃料加工业	− 3.3	− 0.1
黑色金属冶炼和压延加工业	− 2.1	− 0.1
有色金属冶炼和压延加工业	− 4.1	− 0.1
金属制品业	− 3.5	− 0.1
通用设备制造业	− 1.1	− 0.1
电气机械和器材制造业	− 1.6	− 0.1
计算机、通信和其他电子设备制造业	− 1.5	− 0.3

(3) 九大类原材料购进价格同比一升八降

2014 年 1～11 月,上海九大类工业生产者购进价格同比"一升八降",此格局与上年基本类似。其中,黑色金属材料类和有色金属材料类购进价格分别下降 9.6％和 6.8％,降幅居前两位;建筑材料及非金属类则上升 3.2％。

3. 影响较大工业行业产品价格运行特点

(1) 石油相关行业产品价格环比累计降幅较大

截至 2014 年 11 月下旬,根据成品油价格形成机制,结合国际市场油价变化情况,国家发改委年内共 16 次调整成品油价格,使得汽油和柴油分别累计下调 1 360 元/吨和 1 305 元/吨。2014 年 1～11 月,成品油价格"四升十二降",累计影响上海石油加工、炼焦和核燃料加工业产品出厂价格下降15.7%。从产品看,汽油、柴油和煤油等产品的出厂价格同比分别下降2.8%、3.2%和 5.8%。

(2) 化工相关行业产品价格同比小幅下降

2014 年,煤炭、石油价格下行,上海化工相关行业成本压力减轻,同时受下游市场需求低迷、行业产能过剩等因素影响,上海化工相关行业产品价格出现小幅下降。1～11 月,化学原料和化学制品制造业、化学纤维制造业产品价格同比分别下降 0.4%和 3%。从产品看,环烃、涤纶纤维和合成橡胶等产品价格同比分别下降 6.5%、7.3%和 9.8%。

(3) 金属相关主要行业产品价格全线下降

2014 年,受产量居高不下、铁矿石价格大幅下挫、企业融资困难、下游造船和工程机械等行业需求疲弱以及本行业产能过剩等因素影响,国内钢材市场总体处在"高供给、高库存、低需求、低价格"的格局。1～11 月,上海黑色金属冶炼和压延加工业产品价格同比下降 2.1%,有色金属冶炼和压延加工业产品价格下降 4.1%,金属制品业产品价格下降 3.5%。从产品看,冷轧薄板、钢铁容器和精炼铜等产品价格同比分别下降 3.3%、5%和 7.5%。2012 年以来,上述三个行业产品价格同比下降月份达 29 个以上。

(4) 部分建材行业产品价格小幅上升

2014 年,受国家加大基础建设投资,推进棚户区改造及加快铁路建设等因素影响,建材需求大幅增加,同时环境保护和淘汰过剩产能使得供给显著收缩,这使得建材相关行业产品价格由降转升。1～11 月,上海非金属矿物制品业出厂价格和建筑材料类购进价格分别上升 1%和 3.2%。从产品看,水泥和商品混凝土等产品价格达到两位数左右的升幅。

(5) 机电类行业产品价格仍以小幅下降居多

2014 年,受产品更新换代速度较快、行业间竞争激烈、原料供应合同一年一签、价格传导周期较长以及生产企业加工模式等因素影响,上海汽车制造业、通用设备制造业、计算机通信和其他电子设备制造业、电气机械和器材制造业产品价格延续上年下降走势。1～11 月,上述四个主要机电行业产品价格同比分别下降 0.3％、1.1％、1.5％和 1.6％,共影响同期上海工业生产者出厂价格总水平同比下降 0.5 个百分点。

4. 上海两大价格指数与全国部分省市比较情况

由于 2014 年全国工业生产者出厂价格波动较大的行业主要集中在石油、化工、煤炭和金属等能源和基础产品相关行业,而上海这些工业行业比重相对较小,这种工业结构差异使得上海工业生产者出厂价格降幅略小于全国平均水平。

2014 年 1～11 月,上海工业生产者出厂价格同比下降 1％,该降幅在直辖市和华东地区中,大于北京,而小于其他 8 省市;购进价格同比下降 3.8％,降幅大于其他 9 省市,比最小的(北京)高出 2.8 个百分点(见表 3)。

表 3 2014 年 1～11 月全国部分省市工业生产者价格指数同比变动情况
(以上年同期价格为 100)

地　区	出厂价格		购进价格	
	指数	排序	指数	排序
全　国	98.2		98.0	
北　京	99.1	1	99.0	1
天　津	96.6	10	97.3	7
上　海	99.0	2	96.2	10
重　庆	98.3	7	98.1	6
江　苏	98.4	6	97.2	9
浙　江	98.9	3	98.3	4
安　徽	97.5	9	97.3	7
福　建	98.6	4	98.4	3
江　西	97.9	8	98.6	2
山　东	98.6	4	98.3	4

5. 工业生产者价格小幅下降原因分析

影响工业产品价格变动的因素一般来自两个方面：一是来自基于行业内部供求关系的需求拉动因素的影响，二是来自基于要素资源配置或外部市场输入的成本推动因素的影响。综合分析，2014 年上海工业生产者价格同比小幅下降，且呈"倒 V"形走势的主要原因有以下几个方面：

(1) 经济大环境和宏观调控因素的影响

2014 年，随着我国经济进入换挡期新常态，经济增速继续回落，另一方面，世界主要经济体经济回暖仍较为缓慢，内、外需相加，使得国内总需求进一步减弱，这是 2014 年上海工业品价格继续下行的基本经济环境。2014 年前七个月，为了"稳增长、调结构、促改革、惠民生"，保持经济平稳运行，政府出台了一系列经济微刺激政策，包括基础设施建设投资增长、棚户区的改造、减轻小微企业税负等。这些政策为实体经济注入活力，下游工业企业不断进行适度库存回补，使得需求有了一定的改善，也对前七个月工业生产者价格降幅逐月收窄起到一定支撑作用。但是这一支撑并不足以抵消 8 月以后国际市场价格下降的"输入型"影响以及主要行业供大于求的格局对价格的下行压力，8 月开始，上海工业生产者价格降幅再次扩大。

(2) 部分"权重"行业产品价格波动的影响

2014 年前七个月，在生产设备检修以及停产等因素影响下，市场供应量减少，使得石油、化工和有色金属等部分工业产品价格出现一定的反弹，带动上海工业生产者价格在波动中有所回暖。但 8 月后，由于成品油价格连续下调，钢铁、化工等部分行业产能过剩，相关行业产品价格同比升幅回落甚至绝对价格下降，影响工业生产者价格转为持续下降，这些因素与宏观因素叠加，使得年内同比价格指数呈现"倒 V"形走势。

(3) 工业企业的微观困境

近年来，上海工业产品出厂价格连续低位，生产企业盈利能力下降，造成生产资金不足；另一方面，受产业结构调整、需求不足及产能过剩等因素影响,下游企业对产成品的购买持观望态度,使得多数企业面临销售难题,部分企业特别是产能过剩和产品附加值低的企业存在大额订单减少、小额订单压价的现象,这使得企业面临开工不足,库存占用资金过多,又进一步加剧了资金困难,形成了资金和生产相互影响的恶性循环。在这种情况下,一些企业为了增加销售收入,盘活资金,通过降价让利手段抢占或保住市场份额。这种库存高企和维持生产的两难困境使得工业产品价格缺乏向上的微观基础,行业价格难以大幅回升。

二、 2015 年上海工业生产者价格总水平走势预判

综合分析当前国内外经济环境,结合对上海部分重点行业企业调研,并考虑到 2014 年价格各月基期指数均处于相对较高水平现状,上海工业生产者价格上行的基础并未形成。初步预测,2015 年上海工业生产者价格同比将继续小幅下降,其中工业生产者出厂价格全年降幅为 1% 左右,工业生产者购进价格降幅为 2.5% 左右。

上述判断主要基于以下几方面原因:

1. 国内外需求没有明显好转,将抑制工业生产者价格上升

一方面,全球经济总体仍处于欧债危机后的缓慢复苏过程中,发达国家经济复苏仍需继续巩固。其中,欧元区复苏的基础仍不牢固,还未摆脱债务危机的泥潭,实体经济依然脆弱,欧元区存在的制度性、结构性问题仍未得到妥善解决;而新兴经济体增长则有所放缓,使得世界经济总体不景气。我国经济处在增长速度换挡期,产业结构调整和前期刺激政策逐步消化,经济正处在由"去库存"向"去产能"和"去杠杆"转变,经济下行压力依然较大,需求不足问题将继续存在。

另一方面,美联储 2014 年 11 月起结束量化宽松政策,并维持目前零至 0.25% 的利率水平不变。这标志着美国货币政策回归正常化,若 2015 年美国开始加息,则流动性将进一步收紧。美国退出量化宽松,将导致更多资金

回流美国，极有可能造成我国资产价格下滑、商品价格下挫和流动性环境紧张等一系列负面影响。上述因素构成了 2015 年上海工业产品价格难有大的回升的宏观经济环境。

2. 宏观调控政策保持稳定，将延长工业生产价格下降时间

李克强总理在 2013 夏季达沃斯论坛上指出，短期刺激政策无助于深层次问题的解决，因而选择保持宏观政策稳定，既不放松也不收紧银根。在 2014 夏季达沃斯论坛上，他又指出，中国经济正在从高速增长向中高速增长转轨。在经济运行新常态下，中国更加关注结构调整等长期问题，不随单项指标的短期小幅波动而起舞。2014 年下半年和今后一段时间，中国将加快转变经济发展方式，以结构性改革促进结构性调整。2014 年 12 月中央经济工作会议部署了明年经济工作，把稳增长作为首要任务，决定 2015 年继续实施积极的财政政策和稳健的货币政策，同时促进"三驾马车"更均衡地拉动增长。基于以上表述，新一代中央领导集体更加注重经济增长质量，政策着力点致力于转方式、调结构，下一阶段国家推出大规模经济刺激政策的可能性较小，投资项目审批和开工力度将进一步减弱，这将抑制钢材、水泥等建材产品和化工等其他相关产品的需求，影响工业产品价格的回升。

20 世纪 90 年代以来，国内应对危机的经济政策对价格运行产生显著的影响。从历史经验看，1997 年亚洲金融危机开始后，上海工业生产者出厂价格连续 30 个月下降；2008 年国际金融危机爆发后，出厂价格下降持续 12 个月时间；2011 年欧债危机发生至 2014 年 11 月，上海工业生产者出厂价格持续下降时间已达 34 个月。虽然 2013 年 7 月以来，国务院陆续出台了一系列微刺激、点调控政策，但政策力度较小。上述原因构成了 2015 年上海工业生产者价格仍将继续小幅下降的政策环境。

3. 大宗商品价格低位震荡，将抑制工业生产价格回升动力

受地缘政治风险不确定性、美元汇率持续走高和重要机构下调全球经

济增长预测等利空因素影响,国际油价下一阶段出现大幅反弹的可能性较低,国际油价震荡走势形成。另外,受世界整体经济形势不景气影响,国际大宗商品价格仍处在筑底阶段,反弹趋势尚未确立,下一阶段大宗商品价格大幅上涨的可能性较小,价格走势将以低位反复和震荡为主,铁矿石、原油、煤、有色金属等原材料价格将可能继续震荡走低。从国内看,钢铁、化工和建材等工业行业产能过剩依然较为严重,而 2015 年全国经济增速可能继续回落,特别是投资增速的回落,将抑制这些行业的价格上行。上述原因构成了 2015 年上海工业生产者价格仍将继续小幅下降的成本因素。

三、 对保持上海工业生产者价格稳定运行的对策建议

价格的周期性波动是市场规律的重要体现,但价格波动幅度过大会对经济发展产生不利的影响。当前,工业生产者出厂价格长时间低位运行,使得企业盈利能力持续下降,影响企业的投资意愿和经济的持续健康发展。在当前我国经济增速趋缓的大环境下,工业品市场需求不足将成为"新常态",为了使工业生产者价格保持在合理区间内,保证上海经济能够保持稳中有进的发展态势,建议做好以下几方面工作:

1. 加快调整产业结构,继续淘汰落后产能

一方面,要深化经济结构战略性调整,坚持创新驱动发展,走新型工业化道路,合理调节投资增速及方向,促进工业结构转型,同时积极扶持绿色环保、高科技、高附加值产业发展,利用现有龙头企业和优势产品打造现代产业集群;要拓宽社会投资的领域和渠道,引导包括民间资本在内的全社会资本更多地投向战略性新兴产业以及公共事业、社会事业等经济社会发展薄弱环节,同时要加强政策支持和配套服务;通过关、停、并、转等各种方式,继续淘汰落后产能。另一方面,要引导企业充分利用电子商务等现代平台,做大做强细分目标市场,积极开拓国际市场,调整出口策略,优化出口结构,

在短期内可以缓解高库存带来的经营压力,在长期内可以缓解过剩产能对原有国内市场的供求压力。

2. 积极实施走出去战略,输出产业资本

要以国家建设丝绸之路"一带一路"战略为契机,大力鼓励企业"走出去"。通过实施"走出去"战略,一方面可以以资本输出的形式,缓解过多的国内投资形成的过剩产能;另一方面可以通过对外部能源和矿产等资源投资合作及开发利用,增强对国外铁矿石和有色金属等大宗商品资源的获取和控制能力,以最大程度降低生产中原材料和成本的制约,更多地掌握市场定价的话语权,减少外部市场因素对工业生产者出厂价格和购进价格的影响。

3. 坚持市场化改革方向,同时要避免价格大幅波动

一方面,要充分发挥市场机制在资源性产品价格形成中的基础性作用,完善水、电、天然气及成品油等能源的定价机制和煤电价格联动等机制,使资源性产品价格能较好地反映市场供求关系,同时要促进原油、铁矿石等价格与国际接轨,逐渐弱化对成品油等基础原料产品的价格控制,使购销价格能够以市场化方式对接联动。要鼓励企业科技研发投入,促进企业通过技术改造和更新换代来降低产品单位成本,促进低能耗、基础性原料消耗小及科技含量高的行业发展,提高企业对能源和基础性原料价格波动的抗风险能力。另一方面,要准确把握生产领域价格波动的周期性规律,采取适当的"反周期"微调政策,抑制和缓和重点工业产品的大幅度波动,合理规避工业生产者价格指数剧烈波动对工业经济造成的不利影响。

4. 构建价格预警机制,提升政府信息服务能力

一方面,要完善信息发布制度,构建科学完善的价格监测预警机制。密

切跟踪国内外经济形势的发展变化,准确把握价格波动变化及影响。加强对重点行业、企业产品价格监测,准确把握部分重要工业品价格的"过山车"现象,及时发现倾向性问题,作出科学有效判断,积极应对价格异常波动。认真分析重点行业的供求状况和产品价格信息,促使相关部门增强宏观调控前瞻性,加强和改善宏观调控,及时果断地进行预调微调,引导资源合理配置。另一方面,建立信息共享平台,提升政府公共服务能力。要及时收集行业供求状况和工业产品价格信息,公开信息资源,为企业提供信息咨询,促使企业了解市场总体产销情况。帮助企业分析产业发展现状,了解主要生产要素价格信息和总体行业产能状况,进而转移和化解企业部分经营风险。另外,及时提出风险预警,避免企业盲目投资,减少产品市场价格大幅波动而带来的损失。

2014 年上海居民消费价格评估与 2015 年预测

2014 年，上海居民消费价格平稳运行，升幅较为温和，预计同比上升 2.7%。主要特征是，居住类价格上升是推升物价的第一动力；食品类价格升幅有所回落，对总指数影响率较 2013 年明显下降；工业消费品价格和服务项目价格升势"一慢一快"；物价总体升幅高于全国平均水平。分析上海居民消费价格升势平缓主要原因是国内外经济增长有所降温，以及国际输入型压力减缓等。受稳健的货币政策、稳增长的经济政策、动荡的国际局势、适度放宽的房产限购政策及生活能源、人力资源价格上调等影响，预计 2015年上海居民消费价格升幅或将落在 3% 以内。因此，各级政府需继续加强调控，保持市场价格平稳健康运行。

一、 2014 年上海居民消费价格运行情况及原因分析

1. 上海居民消费价格运行基本情况

（1）总指数走势：同比升势平缓，环比小幅波动

2014 年，上海居民消费价格维持平稳走势，总体升幅虽略高于 2013 年，但仍处于温和区间内波动（见图 1）。1～11 月同比上升 2.7%，升幅比 2013年同期扩大 0.4 个百分点。其中，上年翘尾因素为 1 个百分点，当年新涨价因素为 1.7 个百分点。

从同比看，上海居民消费价格升势平缓。除 1 月和 7 月升幅触及 3% 的高点以外，其余各月均在 2.3%～2.9% 之间波动，升幅差为 0.7 个百分点，仅比 2013 年（最高点为 2 月和 10 月，升幅 2.6%；最低点为 7 月，升幅 2%）扩大 0.1 个百分点。

从环比看,上海居民消费价格波动以小幅上升为主。前 11 个月中,除 1 月份因节日效应明显上升 1.1％外,有 4 个月升幅均在 0.6％以内,3 个月价格持平,另有 3 个月出现小幅下降,分别是 3 月(−0.2％)、6 月(−0.1％)和 11 月 (−0.1％)。

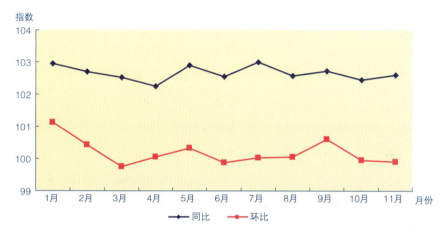

图1　2014 年 1～11 月上海居民消费价格同比、环比走势

(2) 分类价格升幅:消费品和服务项目一慢一快

按两大分类看,1～11 月,消费品和服务项目价格同比升幅继续呈现"一慢一快"态势。消费品价格继续温和运行,上升 1.9％;服务项目价格保持强劲上升态势,升幅为 4.1％,比 2013 年同期扩大 0.4 个百分点。

按商品类别看,1～11 月,居民消费八大类价格同比全部上升。其中,居住类价格升幅取代食品类而居首位,为 4.7％,食品类(上升 3.2％)居次位,衣着类和娱乐教育文化用品及服务类升幅也较为明显,分别为 2.9％和 2％,以上四类价格的上升是构成居民消费价格保持升势的主要因素,共上拉总指数 2.5 个百分点,影响率超九成(见表 1)。其余类别升幅均在 1.7％以内。

2. 上海居民消费价格运行主要特征

(1) 居住类同比升幅持续回落,但仍是推升物价的第一动力

2014 年,受前期房地产政策调整累积效应、房地产市场整体低迷的影

表 1　2013 年及 2014 年 1～11 月上海居民消费价格分类同比指数比较

项目名称	2014 年 1～11 月	2013 年 1～11 月	增减（百分点）
居民消费价格总指数	102.7	102.3	0.4
＃服务项目价格指数	104.1	103.7	0.4
＃消费品价格指数	101.9	101.6	0.3
食品	103.2	104.4	− 1.2
烟酒	101.0	100.1	0.9
衣着	102.9	100.2	2.7
家庭设备用品及维修服务	101.7	101.3	0.4
医疗保健和个人用品	100.3	100.1	0.2
交通和通信	100.2	100.4	− 0.2
娱乐教育文化用品及服务	102.0	100.0	2.0
居住	104.7	103.8	0.9

响,居住类同比升幅持续回落。2 月起,居住类价格同比升幅从最高的 5.7%
回落至 11 月的 3.5%(见图 2),主要原因是占份额最大的住房估算租金升幅
从 2 月的 7.1%回落至 11 月的 3.4%。

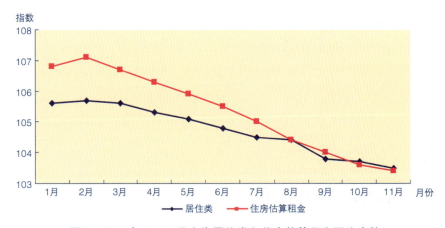

图 2　2014 年 1～11 月上海居住类和住房估算租金同比走势

从居住类基本分类看,1～11 月同比价格升多降少。一方面,房地产市

场的持续低迷抑制了建材类商品价格的上扬,建房及装修材料同比下降
0.2％,而 2013 年同期为上升 1.5％。其中,厨卫设备下降 1.6％、木地板下降
0.7％。另一方面,3 月以来政府为解决资源产品供需矛盾,理顺公共服务收
费价格,陆续对公用事业收费、物业管理收费等相关价格进行调整,致使
1～11 月居民水价上升 20.4％,物业管理费用上升 9.8％,住房其他费用(如
治安费、保洁费、中介费等)上升 24.7％。

虽然居住类同比升幅回落,但依旧是推动上海物价上升的第一动力,
1～11 月同比上升 4.7％,上拉居民消费价格总指数 1.1 个百分点。

(2) 食品类价格升幅较 2013 年有所回落,对总指数影响率下降近两成

2014 年 1～11 月,食品类价格同比上升 3.2％,上拉总指数 1 个百分点,
影响率为 37％。升幅比 2013 年同期回落 1.2 个百分点,影响率下降 19.5 个
百分点(见表 2)。

表 2　2013 年及 2014 年 1～11 月上海食品类及部分分类同比指数比较

项目名称	2014 年 1～11 月	2013 年 1～11 月	增减 (百分点)
食品	103.2	104.4	－1.2
油脂	95.4	98.4	－3.0
肉禽及其制品	101.3	103.8	－2.5
菜	101.2	108.0	－6.8
＃鲜菜	100.1	107.6	－7.5

食品类价格升幅回落的原因:一是 2014 年天气条件良好,夏季高温持
续较短,未出现较严重的灾害性天气,鲜菜市场供应充足。1～11 月鲜菜价
格同比上升 0.1％,升幅比 2013 年同期回落 7.5 个百分点。11 个月中有 6 个
月同比呈下降态势,分别是 4 月(－3.6％)、6 月(－4.2％)、8 月(－3.4％)、
9 月(－0.6％)、10 月(－10.6％)和 11 月(－3.7％)。二是 2013 年国际、国
内油料作物丰收以及大豆进口量增加,植物油生产原材料价格下降,1～11
月油脂价格下降 4.6％。三是肉类产品(特别是猪肉)受存栏量总体充足的影
响,价格难以大幅上扬,肉禽及其制品价格同比仅上升 1.3％,升幅比 2013

年同期回落 2.5 个百分点(见表 2)。

(3) 消费品价格和服务项目价格升势"一慢一快"

近年来,上海消费品价格总体平稳。1～11 月,消费品价格同比上升 1.9%,一定程度抑制物价上升。其中下拉作用表现明显的有,室内装饰品价格下降 6.8%,文娱耐用消费品下降 6.4%,个人饰品下降 6.3%,通信工具下降 6.3%,床上用品下降 1.9%,交通工具下降 1.7%,家庭设备下降 0.1%。

相比之下,服务项目价格持续高位运行。1～11 月,服务项目价格上升 4.1%,升幅高于居民消费价格 1.4 个百分点,高于 2013 年同期 0.4 个百分点。其中,劳务型服务价格升势最为明显,家庭服务上升 11.3%,衣着加工服务费上升 10%,车辆修理服务费上升 8.7%,个人服务上升 3.8%。

(4) 核心 CPI 支撑作用明显

核心 CPI 是指将受气候和季节因素影响较大的产品价格(如食品能源等)剔除之后的 CPI。由于其剔除了非市场因素的外力影响,所以能够更加真实地反映价格的波动程度。2014 年,上海核心 CPI 对总指数的影响率越来越大,1～11 月核心 CPI 同比上升 2.5%,上拉总指数 1.7 个百分点,影响率超六成(见表 3)。

表 3　2014 年各季度居民消费价格和核心 CPI 同比指数

项目名称	1 季度	上半年	前三季度	1～11 月
CPI	102.7	102.6	102.7	102.7
核心 CPI	102.2	102.3	102.4	102.5
核心 CPI 上拉总指数(百分点)	1.2	1.5	1.6	1.7
核心 CPI 对总指数影响率(%)	44.4	57.7	59.2	63.0

(5) 上海物价升幅比全国略高

上海居民消费价格走势与全国相比,2014 年前 8 个月与全国走势基本一致并略高;9 月起,上海价格仍在 2.5% 左右小幅震荡,而全国价格则逐步下降(见图 3)。1～11 月,全国居民消费价格同比上升 2%,其中新涨价因素为 1.1 个百分点,低于上海 0.6 个百分点;翘尾因素为 0.9 个百分点,低于上海 0.1 个百分点。其中主要受新涨价因素影响,上海居民消费价格同比升幅高于全国平均水平 0.7 个百分点。从具体类别看,上海居住类价格同比上升 4.7％,比全国平均水平高出 2.6 个百分点,是造成差异的最主要因素。

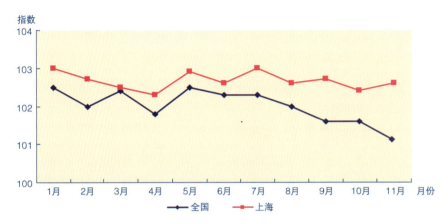

图 3 2014 年 1～11 月上海与全国居民消费价格各月同比指数走势

与直辖市比较,1～11 月,北京、重庆居民消费价格均上升 1.7％,天津上升 1.9％,升幅分别比上海低 1 个和 0.8 个百分点。究其原因,主要是上海居住类升幅较高,同比分别高于北京、重庆和天津 3.3 个、3.1 个和 2.7 个百分点,对总指数的拉动力更大。

3. 上海物价变动因素分析

(1) 外部经济疲软对国内价格平稳走势存在基础性影响

从国际环境看,2014 年全球经济形势错综复杂,复苏不及预期,外需增长放缓。美国经济尽管整体向好,但复苏力度仍然较弱,前三季度实际 GDP 增长 2.3％。欧元区复苏步履蹒跚,第 3 季度 GDP 环比增长 0.2％。其中,德国增长 0.1％、意大利下降 0.1％,外需疲软很难对国内物价产生明显推升作用。

(2) 国内经济增速放缓对物价的推动力减弱

国内经济增速有所放缓,总需求稳中偏弱。前三季度,GDP 同比分别增长 7.4％、7.5％和 7.3％,其中 3 季度增速是 2009 年 1 季度以来最低。3 季度,工业、投资、内贸等主要经济指标增速较上半年均有所回落,经济下行压力较大,国内需求放缓,推动物价上行动力明显减弱。

(3) 结构性供大于求有利于物价稳定

国内部分工业生产领域产能过剩,如服装、家用电器、通信产品等工业消费品供大于求的格局仍未根本改变,抑制了工业品价格的上行。工业品出厂价格(PPI)持续低位运行,前三季度同比下降1.8%,在传导效应的作用下,与居民生活相关的工业消费品及相关产业下游的消费价格均受到影响,有利于物价相对稳定。

(4) 国际输入性通胀压力减轻

2014年原油、大豆、贵金属等国际大宗商品价格震荡走低。截至12月中旬,国际大宗商品价格指数(CRB指数)累计下降14%。国际原油市场需求疲弱,价格持续下跌,自6月以来跌幅近五成。受国际市场影响,国内成品油价格自7月下旬起连续九次下调。国际大宗商品价格的低迷,使得国际输入性通胀压力减轻。

(5) 成本刚性走高压力不减

国内人力、资源、土地成本长期走高趋势难改,继续推动衣着、耐用消费品、日用品、劳务服务、房租等价格缓步上扬。同时,为解决供需问题、理顺价格矛盾、保证低收入居民生活日常所需,政府继续对城镇居民收入、相关资源和公共收费价格进行调整,如在职职工月最低工资标准、民用水、气和物业收费等调价政策的纷纷出台,不但直接推升居民消费价格,还使得生产、运输、经营等成本持续抬升,同时对居民消费价格产生间接的上升压力。

二、 预判：2015年上海居民消费价格升面占多

1. 推升物价因素分析

(1) 国际、国内货币政策仍趋向宽松

目前,虽然国际上最早推行超宽松货币政策的美国已退出量化宽松,但是日本和欧洲仍在强化量化宽松政策,鉴于全球主要经济体经济仍处于弱复苏阶段,大部分国家货币政策的基调仍将无法摆脱"宽松"二字。2015年

在世界主要经济体货币政策仍较宽松的背景下，输入性通胀压力加大。

从近期看，国内不会施行大规模刺激政策，但定向降准等货币调控手段已经开始被应用，货币流动性已开始步入逐步释放过程。央行在三季度货币政策执行报告中确认于 9 月和 10 月两次通过 MLF（中期借贷便利）向商业银行规模放贷。预计 2015 年国内货币政策仍将趋于适度宽松，给物价的上升提供了流动性支持。

（2）国际局势动荡不确定性增加

国际局势方面，在乌克兰问题上，欧美与俄罗斯产生强烈对峙。由于俄罗斯是世界能源输出大国，面对欧美的制裁及对抗，俄罗斯常采用手中掌握的能源作为反制手段，从而国际能源类大宗商品的价格或反弹。国内对国际能源有强依赖性的基础化工类企业或将面临巨大成本压力，从而或提高基础化工类产品的价格，进而影响下游市场商品价格。

（3）稳增长的经济政策主基调不变

在经济政策方面，稳增长、调结构、促改革是主基调。在 2014 年 1 季度中国 GDP 增速下降至 7.4％的背景下，为扭转经济增速下滑趋势，4 月 30 日，国务院将 2014 年铁路固定资产投资总规模由 7 000 亿元上调至 8 000 亿元；近期李克强总理又多次强调对保 GDP 7.5％增长目标的信心，以上均说明稳增长仍为重中之重。在铁路等基建投资规模增长的基础上，基础工业品价格必然上升，进而推动居民消费价格上升。

（4）房产限购政策或将持续放宽

2014 年下半年开始，各地房地产限购政策陆续退出，首套房认定标准放宽，银行首套房房贷利率重现 7 折优惠。一系列房地产刺激政策的推出将吸引部分刚需入市，客观上刺激房地产市场价格反弹，同时或将辐射房屋租赁市场价格，以上两项价格的上升均会拉升居民消费价格。

（5）水、电、燃气、月最低工资标准等政策性调价广泛展开

2012 年起，上海资源类政策性调价陆续展开，截至 2014 年 9 月，上海居民用水、电、燃气均已实行阶梯价格，总体价格涨幅超两成，且月最低工资标准自 2010 年起连续 5 年上调，累计涨幅达 89.6％。这些调价政策不但直接推升居民消费价格，而且随着时间的推移，其对生产成本产生的压力将逐步

释放到商品和服务价格中,从而间接拉动居民消费价格。

2. 平抑物价因素分析

2015 年也存在着不少平抑物价的因素。一是我国农业生产保持良好势头,农产品供应总体趋于平稳,尤其是粮食的再度丰收,将在很大程度上抑制 2015 年食品市场价格的大幅上升。二是 2015 年,国内货币政策大范围放宽的可能性仍较小,货币供应引起的物价波动风险有限。三是我国部分工业消费品产能过剩、供大于求的局面仍然存在,持续处于去库存消费阶段,在很大程度上对物价波动起到抑制作用。四是稳定物价作为我国各级政府的重点工作,将对市场价格平稳健康运行起到积极的作用。

3. 2015 年上海居民消费价格指数构成分析

居民消费价格同比升幅由上年翘尾因素和当年新涨价因素组成,因此从这两方面对 2015 年价格走势进行预测。一是按照历年的价格变动规律,可推算 2015 年全年翘尾因素影响为 0.8～0.9 个百分点,略低于 2014 年度(0.9 个百分点)。二是新涨价因素或将略有递增。国内能源、土地、劳动力等要素价格上涨引起的成本推动型价格上升形势难以逆转,趋向宽松的货币政策、动荡的国际局势以及自然灾害等不可预计性因素,又使得价格局部波动风险加大。2015 年新涨价因素或将高于 2014 年。

综合预判,2015 年上海居民消费价格大幅上涨可能性不大,全年 CPI 升幅将落在 3% 以内。

三、 2015 年上海居民消费价格平稳健康运行的对策建议

2014 年以来,上海居民消费价格运行平稳,但价格上行的压力不容忽视,未来以居住、食品和成本推动为特征的通胀压力仍将持续,价格调控仍

不能放松。

1. 房地产政策应仍以防止过度投机为主调

上海作为国家经济、金融中心，房地产市场调控面临的客观环境与其他地区有很大差别。这决定了上海房地产调控政策的调整必须考虑上海的实际情况，在保刚需、促消费的同时，必须时刻警惕过度投机行为的发生，防止房价的大幅波动。

2. 采用金融工具对冲国际形势动荡带来的物价冲击

在国际大宗商品价格大幅波动的背景下，对于生产原材料高度依赖进口的企业，可适当采用期货等金融工具对冲现货价格波动带来的风险，控制产品的预期成本，从而稳定终端商品的市场价格，平抑物价的大幅波动。

3. 指导农户合理规划农业生产，减少中间环节、降低流通费用

对于猪肉等强周期类基本生活必需品，建议相关部门继续进行监测，适时指导农户合理规划生产，避免供需矛盾的集中爆发。对于其他生活必需的农副产品，应减少从批发到零售的中间环节，降低流通费用。落实好鲜活农产品运输"绿色通道"政策，切实规范农产品市场收费、零售商供应商交易收费等流通领域收费行为，避免食品价格急速波动对生产者和消费者热情的强烈冲击。

4. 控制好节奏，审慎出台政策性调价项目

2012 年以来上海出台了多个政策性调价项目，尤其是 2014 年全市民用燃气价格及各区县民用水价的陆续上调，对全年指数产生较为明显影响。为使居民消费价格平稳运行，建议相关部门结合价格运行情况，把握好调价

项目出台的节奏和力度,相机而动,统筹梳理价格矛盾和稳定物价的关系。

5. 提高居民收入,稳定社会预期

尽管 2014 年居民消费价格运行平稳,但基本生活必需品、能源以及部分服务性消费项目价格水平依然高位运行,居民生活压力随之加大,同时对未来价格继续走高的预期也逐步增强。消费者信心指数调查显示,3 季度,家庭收入信心指数和生活质量信心指数均较 2 季度有所下降,降幅分别为2.6 个百分点和 1.6 个百分点,居民生活成本不断增加及期望收入不断缩水对居民消费信心的影响可见一斑。

近年,上海在保障低收入群体方面做了非常多的工作,每年月最低工资标准的上调在很大程度上减轻了低收入居民的生活压力,但同时也应对占居民主体的普通收入居民进行适当关注。另外,社会老龄化程度的不断加深也要求政府重视对养老机构和服务的有效管理,使"老有所养、老有所依"落到实处。

分 报 告

民生篇

2014 年上海城乡居民收入
评估与 2015 年预测

2014 年是贯彻落实党的十八届三中全会精神、全面深化改革的第一年，也是实施"十二五"规划、推进创新驱动发展的关键一年。面对经济增长趋缓及错综复杂的外部经济形势，上海全面贯彻落实党的十八大及十八届三中、四中全会精神，紧紧围绕创新驱动发展、经济转型升级，着力"稳增长、调结构、促改革、惠民生"，实施了一系列惠民政策和措施，全年城乡居民收入保持平稳增长。

一、 2014 年上海城乡居民收入增长概况和分析

1. 2014 年上海城乡居民收入概况

（1）城乡居民收入平稳增长，收入水平全国领先

据抽样调查，2014 年，预计上海城市居民家庭人均可支配收入为 47 790 元，比上年增长 9% 左右；扣除价格因素，实际增长约 6.1%。预计上海农村居民家庭人均可支配收入 21 185 元，比上年增长 10.3% 左右，扣除物价因素实际增长约 7.4%（见图 1）。上海城乡居民家庭人均可支配收入水平继续在全国省级行政区保持领先。

（2）城乡居民收入增长与经济发展保持基本同步

"十二五"开局以来，上海各级政府加大民生投入力度，市民共享经济发展成果。城市居民人均可支配收入实际增幅预计将与全市人均 GDP 增幅基本保持同步，而农村居民人均可支配收入实际增幅预计将高于 GDP 增幅（见图 2）。

图 1　2005～2014 年上海城乡居民家庭人均可支配收入增长情况

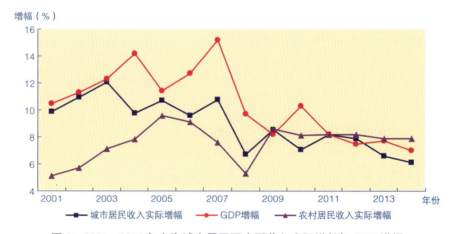

图 2　2001～2014 年上海城乡居民可支配收入实际增长与 GDP 增幅

(3) 城乡居民收入差距进一步缩小

近年来，上海各级政府加大支农惠农力度，各类支农政策取得实效，农村居民收入增幅高于城市居民，城乡居民收入之比有所收窄。据统计，2012 年、2013 年和 2014 年农村居民人均可支配收入名义增幅分别高于城市 0.3 个、1.3 个和 1.4 个百分点。城乡居民收入比从 2010 年的 2.32 降至 2014 年的 2.25。

2. 2014 年上海城市居民收入结构分析

(1) 工资性收入增长平稳,成为可支配收入增长的首要拉动力

2014 年,预计上海城市居民家庭人均工资性收入为 30 650 元左右,比上年增长 7.5% 左右,增幅同比提高 0.9 个百分点左右,延续了上年以来平稳增长的态势。工资性收入占可支配收入的比重为 64.1%,对可支配收入增长的贡献率为 54.1%,拉动可支配收入增长 4.9 个百分点。

工资性收入平稳增长的主要原因:一是 2014 年 4 月 1 日起,上海再次上调职工最低工资标准,由每人每月 1 620 元调整为 1 820 元,上调幅度为 12.3%,高于上年同期上调幅度 0.6 个百分点,绝对增加额为近十年来最大。二是上海逐步建立公共服务行业等一线职工工资正常增长机制,适当提高公益性岗位从业人员收入标准。2014 年 4 月 1 日起,上海对实行全日制工作的万人就业项目公共服务类队伍从业人员的收入标准提高至 1 940 元/月,每人每月增加 200 元。

(2) 经营性收入小幅下降,财产性收入较快增长

受经济增长趋缓影响,2014 年,预计上海城市居民家庭人均经营净收入为 2 310 元左右,比上年下降 0.3% 左右。经营净收入占可支配收入的比重为 4.8%,所占比重较小,且受到经济和市场影响波动较大,未能对可支配收入增长形成明显影响。

2014 年,预计上海城市居民家庭人均财产性收入为 890 元左右,比上年增长 12.9% 左右,拉动可支配收入增长 0.2 个百分点。财产性收入较快增长的主要原因是居民家庭出租房屋收入较快增长。

(3) 转移性收入持续增长,是拉动可支配收入增长的重要力量

2014 年,预计上海城市居民家庭人均转移性收入为 13 940 元左右,比上年增长 14% 左右,增幅同比下降 1.4 个百分点左右,对可支配收入增长的贡献率为 43.5%,拉动可支配收入增长 3.9 个百分点(见表 1)。

在转移性收入中,养老金或离退休金是主要组成部分。2014 年,预计上海城市居民家庭人均养老金或离退休金收入达 12 030 元左右,比上年增长

表 1　2014 年上海城市居民家庭人均可支配收入结构情况

指　　标	金额(元)	增长(%)	比重(%)	拉动百分点
人均可支配收入	47 790	9.0	100.0	9.0
工资性收入	30 650	7.5	64.1	4.9
经营净收入	2 310	−0.3	4.8	0.0
财产性收入	890	12.9	1.9	0.2
转移性收入	13 940	14.0	29.2	3.9
#养老金或离退休金	12 030	13.5	25.2	3.3

13.5％左右,增幅同比提高 1.7 个百分点左右,对可支配收入增长的贡献率为 36.4％,拉动可支配收入增长 3.3 个百分点。

养老金或离退休金较快增长的主要原因:一是上海继续提高企业退休人员基本养老金标准。2014 年 1 月 1 日起,上海再次提高退休人员基本养老金标准,其中,城镇企业退休人员养老金每人每月增加 130 元,然后按本人缴费年限,每满 1 年每月增加 3 元,月增加额不足 30 元的,补足到 30 元,并解决了当年退休人员养老金"倒挂"问题。二是上海调整机关、事业单位离退休人员养老金并自 6 月份起补发,对城市居民转移性收入增长带来积极影响。三是上海继续加大对离退休人员的转移支付力度。2014 年节假日期间上海继续对"职保"离退休人员、"镇保"按月领取养老金人员发放一次性补助费等。四是上海人口老龄化程度加剧,退休人员比重有所增加,拉动养老金或离退休金的增长。

3. 2014 年上海农村居民收入增长特点

(1) 工资性收入继续增长

2014 年,预计上海农村居民家庭人均工资性收入 13 430 元,比上年增长 8.5％左右,拉动可支配收入增长约 5.5 个百分点。工资性收入增幅同比提高 0.8 个百分点。

工资性收入的增长主要得益于多项增收与就业政策:一是最低工资标准提高。2014 年 4 月 1 日起,上海月最低工资标准从 1 620 元提高到 1 820 元,增长 12.3%;小时工资标准从 14 元提高到 17 元,增长 21.4%。同时,对实行全日制工作的万人就业项目公共服务类队伍(包括河道保洁、林业养护、社区助老、社区助残)从业人员,在现有收入标准 1 740 元/月的基础上每人每月增加 200 元,为 1 940 元/月。青年职业见习学员生活费补贴、大龄失业人员自谋职业就业岗位补贴、协保人员就业补贴等与最低工资标准挂钩的就业补助标准也相应提高。二是农村居民就业状况良好。各区县纷纷出台多种促进农民增收和就业政策,及时推送和更新就业信息,加强岗位技能培训,着力提高农村居民的非农就业能力。

(2) 家庭经营收入稳步增长

2014 年,预计上海农村居民人均家庭经营纯收入 1 015 元,比上年增长 10.3% 左右,增幅约提高 8.6 个百分点。

究其原因,良种补贴、蔬菜种植补贴、对农村合作社的专项扶持补贴等支农惠农措施激发了农村居民从事一产的积极性。此外,来自经营三产的收入增长较快,主要得益于批发和零售业经营户收入的增加。

(3) 财产性收入较快增长

2014 年,上海农村居民家庭人均财产性收入预计约 1 770 元,比上年增长 11.5%,增幅回落 3.3 个百分点,拉动可支配收入增长约 1 个百分点。

财产性收入增长的主要原因:一是郊区房屋租赁市场活跃,房屋租金上扬,农村居民出租房屋收入增长较快。二是农村居民转让承包土地经营权量价齐升、收益增加。

(4) 转移性收入加速增长

2014 年,上海农村居民家庭人均转移性收入预计约 4 970 元[①],比上年增长 15%,拉动可支配收入增长约 3.3 个百分点(见表 2)。

---

① 根据国家统计局住户调查方案规定,2000 年起,可支配收入中财产性、转移性收入需扣除财产性、转移性支出。

表 2　2014 年上海农村居民家庭人均可支配收入增长情况

指　标	金额(元)	增幅(%)	拉动百分点	比重(%)
可支配收入	21 185	10.3	10.3	100.0
工资性收入	13 430	8.5	5.5	63.4
家庭经营纯收入	1 015	10.3	0.5	4.8
财产性收入	1 770	11.5	1.0	8.3
转移性收入	4 970	15.0	3.3	23.5

转移性收入增长的主要原因:一是养老金标准持续提高。2014 年 1 月起,上海农村各类养老金等发放标准继续提高,其中,新农保基础养老金标准统一为每人每月 540 元,"镇保"养老金每人每月增加 130 元,部分区县还依据自身状况提高本地养老金标准。二是农村最低生活保障标准、失业保险金标准提高。2014 年 4 月 1 日起,城乡居民低保标准分别提高 10.9％和 24％。农村居民低保标准由上年的每人每月 500 元调整为 620 元。此外,农村五保供养对象的日常生活费标准从每人每年不低于 7 980 元调整为 9 000 元。其余救济对象定期定量补助标准均有所调整提高。

4. 值得关注的问题

(1) 居民收入占 GDP 的比重有待进一步提高

从收入分配的角度看,经济发展产生的国民收入在政府、企业、个人三者之间经过初次分配、再次分配等过程后,其中一部分形成了居民收入。居民收入在国民收入分配中所占比重的高低直接关系到居民在经济发展过程中的受惠程度。

从初次分配看,2012 年,上海劳动者报酬占地区生产总值的比重为 41.6％;从再次分配看,2013 年,上海居民(城市)家庭人均可支配收入相当于人均 GDP 的比重为 48.7％(见图 3)。这两项比重虽然近几年均呈上升趋势,但与欧美主要发达国家相比仍有一定差距。

图 3　1991～2012 年上海城市居民收入与 GDP 的比例关系

（2）收入增长结构不尽合理

近几年，工资性收入增长趋缓，养老金收入增长成为拉动上海城乡居民可支配收入增长的重要动力。抽样调查数据显示，2010～2014 年，上海城乡居民家庭人均养老金或离退休金年均分别增长 15％左右和 23％左右，而同期人均工资性收入年均分别增长 9.1％左右和 9％左右，养老金收入增幅远高于工资性收入增幅（见图 4）。上海城乡居民家庭人均养老金或离退休金占可支配收入的比重分别由 2010 年的 21.3％和 18.8％，提高至 2014 年的25.2％左右和 26.7％左右。目前上海正面临老龄化社会的挑战，退休人口比重不断增加，社会总负担系数逐年提高，基本养老金标准的连年上调使得社保基金负担不断加重，收支矛盾日益突出。如果今后城乡居民收入增长继

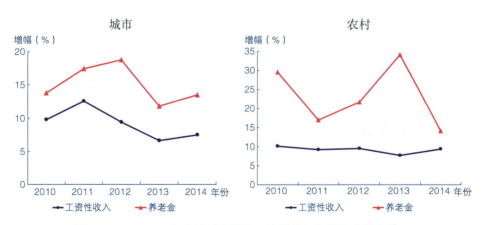

图 4　2010～2014 年上海城乡居民工资性收入和养老金增长情况

续依靠养老金的较高增长拉动,难度将进一步加大。

(3) 财产性收入占可支配收入比重仍较低

财产性收入占居民可支配收入的比重,是衡量一个地区市场化及富裕程度的重要标志之一。历史数据显示,上海城乡居民家庭人均财产性收入占可支配收入比重一直不高,2014 年这一比重分别为 1.9％左右和 8.3％左右,虽然有所提高,但与周边城市相比仍有一定差距。

出租房屋收入是上海城乡居民财产性收入主要来源,而租金容易受到房地产市场和经济发展的影响,2014 年以来各级政府加大拆违力度给农村居民租金收入带来较大影响。

(4) 关注低收入贫困群体

上海低收入居民大体有三种情况:一类是重病家庭。家有患重病、大病并需支付大额医疗费或持续医治,收不抵支的家庭。二是劳动力缺失型贫困。这一类型家庭主要是缺乏家庭劳动力,上有老、下有小、中间没有"顶梁柱",即"没有造血功能"的贫困。三是技能型贫困。在社会创新驱动,转型发展的当口,经济结构在调整,产业也在升级。一部分居民限于教育水平、知识结构、职业技能、身体状况等条件限制,缺乏谋生技能,只能从事简单劳动,获取工作机会较少,就业范围狭窄。

二、 2015 年城乡居民收入增长趋势初步判断

目前,上海正坚持统筹发展、整体推进、分类实施、分步到位的方针,采取多项惠民政策和措施,千方百计增加城乡居民收入,持续推进民生改善,使改革发展成果更好地惠及全体市民。

1. 有利因素

(1) 上海宏观经济平稳运行

当前世界经济缓慢复苏的总体态势没有变,国企改革、经济转型,我国经济发展长期向好的基本面没有变。2014 年前三季度上海 GDP 同比增幅

较上年同期虽然有所回落,但仍保持 7% 的水平。中国(上海)自由贸易试验区自 2013 年下半年设立后健康运行,辐射及带动作用继续显现。上海迪士尼项目的市政公建配套基本完成,2015 年迪士尼即将开园对周边的就业及行业拉动作用值得期待。

(2) 各类增收政策持续推出

工资分配政策。一是目前上海正积极推动在职人员特别是普通职工收入增长,建立公共服务行业等一线职工工资正常增长机制,适当提高公益性岗位从业人员收入标准,继续提高职工最低工资标准,深化推进事业单位绩效工资制度改革,不断完善就业服务体系,实施扶持失业青年就业启航计划,鼓励上海"就业困难人员"在部分特定行业就业,依法规范劳务派遣用工落实同工同酬政策等。这些政策和措施都将有利于居民工资性收入的平稳增长。

社保政策。转移性收入是居民收入的重要组成部分,近几年其较快增长成为拉动可支配收入增长持续稳定的力量。上海将继续提高城镇职工退休人员基本养老金发放标准,并解决当年退休人员养老金"倒挂"问题,建立事业单位退休人员的补贴制度,提高其补贴水平,退休人员收入不断提高。同时提高农村"镇保"、"农保"及基础养老金发放标准,并且可能统一上海城乡低保标准等。另外继续向城乡低保家庭和重点优抚对象发放各类补贴,扩大医疗救助范围,开展因病支出型贫困家庭生活救助,实施救助和保障标准与物价上涨挂钩的联动机制等,这些对居民家庭转移性中的社保收入增长将带来积极影响。

支农政策。2015 年,各级政府将进一步完善支农惠农政策,鼓励农民生产积极性,保障农户农业经营性收入。2010 年以来,市农委已连续四年发出《致全市农民朋友的支农政策公开信》,受到农村居民广泛欢迎。继续对农业生产实施各类补贴,继续对农民专业合作社贷款给予贴息扶持,实行重大动物疫病强制免疫,疫苗由政府按照疫病免疫规程向养殖农户免费提供。良种补贴、蔬菜种植补贴、对农村合作社的专项扶持补贴等支农惠农措施激发了农村居民从事农业生产的积极性,保障了农业经营收入。

税收政策。上海进一步鼓励、支持、引导非公有制经济发展,改善非公经济发展环境,激发非公经济活力和创造力,落实小微企业减免税政策,继续帮助中小微企业解决实际困难,继续深化营业税改征增值税改革,居民个体经营户的经济效益有望改善,户均收入规模有望继续扩大,这些都将有利于个体经营者和私营业主收入的增长。

自主创业政策。国家为鼓励居民自主创业,出台多种补贴和税收减免政策。如高校毕业生自主创业、退役士兵的扶持创业就业优惠政策;创业园区的各类补贴、优惠政策,如社保补贴返还、提供无息贷款、免费办公等等,以创业带动就业。财政部、国家税务总局发出《关于支持和促进就业有关税收政策的通知》,明确毕业生从毕业年度起三年内自主创业可享受税收减免的优惠政策,将原来对自谋职业城镇退役士兵的扶持创业就业优惠政策,扩大到所有自主创业就业的退役士兵。对从事个体经营的,减免相关税收、扶持小额贷款、给予微利项目财政贴息、免收有关行政事业性收费等;对招收录用聘用退役士兵的用人单位,依法给予相应税收优惠。

2. 不利因素

(1) 转型发展期经济下行压力加大

当前国内外经济形势依然错综复杂,上海发展既面临重大机遇,也面临严峻挑战。"十二五"以来,上海进入转型发展的新阶段,经济下行的压力一直存在,GDP 增幅近三年来呈现缓慢下降趋势,城乡居民收入增速将会受到产业结构调整和经济转型发展的影响。

(2) 政策依赖难以摆脱,政策效力有所钝化

上海退休人员基本养老金标准的连年上调使得社保基金负担不断加重,"自我循环"难度加大。但若不能保证每年上调的幅度和持续性,又势必对居民养老金收入的增长带来一定影响。

(3) 经营性收入财产性收入增长机制尚未稳定

城乡居民经营性收入和财产性收入占可支配收入比重较低,基数小,易波动,对总的收入拉动作用不明显。虽然近年来房地产市场和金融市场的发展为居民家庭获得财产性收入提供了条件,但是财产性收入易受政策调整的影

响,始终处于上下波动状态,没有对居民家庭收入增长形成有力拉动。

（4）上海户籍人口老龄化加剧

上海自 1979 年率先成为全国第一个老年型地区,进入老龄化社会至今已经 35 年,上海户籍人口老龄化程度不断提高,劳动人口比例的下降势必对城乡居民工资性收入的增长带来不利影响。

3. 2015 年预测

基于上述分析,预计 2015 年上海城市居民家庭人均可支配收入将达 52 000 元,名义增幅为 9％左右。上海农村居民家庭人均可支配收入约 23 300 元,名义增幅 10％左右。

三、 2015 年促进上海城乡居民收入增长的对策建议

1. 深化改革,推进城乡发展一体化

党的十八届三中全会对城乡一体化作了深刻解读和战略部署。上海作为我国最具影响力的城市之一,在新一轮改革发展的历史时刻,更应在城乡一体化发展方面加大改革创新力度,实现社会、经济、环境的全面、协调和可持续发展。2013 年上海市人民政府办公厅印发了《上海市推进城乡一体化发展三年行动计划（2013 年～2015 年）》,2014 年上海市市长杨雄挂帅市委重点课题"推进本市城乡发展一体化",2015 年将继续着力深化新农村建设,进一步推进城乡一体化发展。以推进新型城镇化建设为载体,加大城乡统筹发展力度,在城乡一体化视野下努力提高城乡居民收入。

2. 提振信心,优化产业结构

上海作为先行先试的改革前沿,将通过创新驱动转型发展,实施国企、金融、财税等多领域改革,进一步释放改革红利,多头并进,稳定经济增长预

期,提高对未来经济发展的信心。响应国家"一路一带"等新兴战略发展,针对上海航天、航空、新能源汽车、物联网、自贸区、迪士尼、电商等战略性新兴产业和现代服务业的快速崛起,吸收高素质、高收入劳动力的产业,以产业结构的优化带动就业结构优化,从而带动城乡居民整体收入水平的提高。

3. 加强培训促进就业,提高城乡居民工资性收入

就业是民生之本,技能是就业基石。要打破城乡隔离和地区隔离,以实现就业为导向,建立面向城乡居民特别是农村居民和农民工的职业培训体系。要培养符合新时代社会经济发展的高素质人才,根据产业行业需求和区域发展特点,有针对性地扶持开设相应的职业技能培训项目,同时完善农村地区就业人口培训补贴机制。实事实办,实事办实,提升城乡居民的职业技能,提高就业层次,提高居民收入。

另一方面,要积极发挥政府导向作用,鼓励并推动第三产业发展,增加就业需求,尽力使失业人员、待业人员等再就业、灵活就业.要完善劳动保障政策法规体系,优化就业环境,保障劳动者合法权益,保证劳动者公平就业机会,切实提高劳动者工资收入。

4. 拓宽财产性收入渠道,保障养老金收入稳定增长

近年来,居民财产性收入不断增长,大大丰富了可支配收入的构成,但所占可支配收入比重仍然较低。应加快金融创新,拓宽居民投资渠道,丰富居民理财方式,积极维护和发展房屋租赁市场,鼓励居民个人住房规范出租,保障并促进居民财产性收入的平稳增长。

上海城乡居民的养老金收入一直保持较快增长,为居民可支配收入的持续增长做出了不小的贡献。如何继续提高基本养老金标准,继续加大对退休人员的转移支付力度,提高老年人生活水平,设计与社会经济发展相适应、与财政收入相匹配的社保机制,切实保障城乡居民养老金收入稳定、可持续增长。

5. 进一步完善社会救助制度

要加快完善社会保障和社会救济体系,完善社会救助和保障标准与物价上涨挂钩等联动机制,着力解决支出型贫困,不断扩大困难群体受益面,提高社会保障水平。要根据经济发展水平,不断提高民生基本保障线,继续提高最低工资标准、最低生活保障标准等,加大对城乡低收入群体的财政补贴力度,保证低收入家庭的基本生活和收入的实际增长。

要广泛动员社会力量,整合全社会资源,形成政府、慈善机构、社会组织、商业保险公司、个人等共同参与社会救助的格局。加大对残疾人、零就业家庭、低收入家庭的就业援助力度。对缺乏"造血功能"的贫困家庭建档立卡,牵线搭桥,帮助寻找有意向的社会公益组织、单位和个人进行定向捐助。

2014 年上海就业评估与 2015 年预测

就业是民生之本,是人民群众改善生活的基本前提和基本途径,也是经济稳增长的保证。2014 年,面对严峻的就业形势,上海市委、市政府坚持实施就业优先战略和更加积极的就业政策,着力优化就业创业环境;以创新引领创业,以创业带动就业,继续推进新一轮"鼓励创业带动就业三年行动计划";进一步加大职业培训力度;统筹全市重点群体的就业工作,鼓励多渠道多形式就业;大力推进人力资源市场建设;进一步完善就业监测体系。随着一系列鼓励创业促进就业政策措施的有效实施,2014 年上海从业人员规模进一步扩大,劳务派遣新政实施效果有所显现,企业用工状况基本稳定,主要就业指标基本正常,全市就业形势保持稳定。

一、 2014 年上海就业运行情况

1. 从业人员规模进一步扩大

2014 年,党中央、国务院通过简政放权、加快政府职能转变释放改革红利,全面推行了工商登记制度改革,上海新注册企业个数"井喷式"增长,上半年组织机构代码新设企业数量达到 9.15 万家,同比增长 59.7％,成为全年就业形势总体保持平稳的重要原因。全市经济平稳发展以及上海自贸试验区建设稳步推进,也有力地促进了就业岗位的增加。2014 年从业人员总量稳中趋增,从业人数预计为 1 150～1 160 万人,比上年增长 1％～2％左右(见图 1)。

2. 主要就业指标基本正常

2014 年,上海实施积极的就业政策,采取了一系列稳定就业和扩大就业

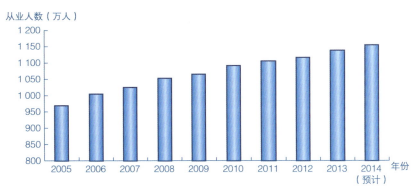

图 1　2005～2014 年上海从业人员总量变化情况

的措施：重点关注中小型企业用工情况，做好产业转型升级和梯度转移中的就业工作；细化研究和分类推进对特定行业的就业扶持政策，积极促进上海劳动力就业；大力推进鼓励创业带动就业三年行动计划；重点关注和解决高校毕业生、失业青年和就业困难人员三大群体的就业问题，确保全市就业形势稳中有进，各项主要就业指标基本正常。

（1）新增就业岗位目标提前完成

2014 年 1～10 月，上海新增就业岗位 58.15 万个，其中实现非农就业 9.95 万个（见表 1）。新增就业岗位已经提前完成全年 50 万个以上目标。

表 1　2014 年 1～10 月上海新增就业岗位完成情况

项　　目	1 月	2 月	3 月	4 月	5 月	6 月	7 月	8 月	9 月	10 月
新增就业岗位（万人）	8.32	11.15	17.75	25.53	30.76	34.56	42.01	47.13	54.01	58.15
＃非农就业	1.4	1.8	3.07	4.51	5.42	6.47	7.61	8.66	9.18	9.95

（2）失业状况进一步改善

2014 年 10 月末，上海城镇登记失业人口进一步缩小到 24.29 万人，比上年同期减少 1.32 万人（见表 2）。

表 2　2014 年 1～10 月上海城镇登记失业情况

	1 月	2 月	3 月	4 月	5 月	6 月	7 月	8 月	9 月	10 月
城镇登记失业人口（万人）	25.38	24.92	24.50	24.35	23.78	23.62	23.74	23.90	24.17	24.29

(3) 创业带动就业工作提前两月完成

创业是就业之源。为进一步发挥鼓励创业带动就业的倍增效应,2014 年,上海继续推进新一轮"鼓励创业带动就业三年行动计划"。仅前 10 个月,全市就已帮助成功创业 10 456 人,提前两个月完成年度目标 10 000 人任务。

(4) 职业培训工作顺利推进

2014 年 1~10 月,上海完成职业培训人员 43.3 万人次,实现全年 50 万人次指标的 86.6%,其中培训农民工 20.3 万人次,已超额完成全年的指标。

3. 高校毕业生就业情况保持稳定

按照中央提出"健全促进就业创业体制机制"和"促进以高校毕业生为重点的青年就业"的要求,上海市政府有关部门继续把做好高校毕业生就业工作摆在突出重要位置,积极拓宽高校毕业生就业渠道,鼓励高校毕业生自主创业,实施离校未就业高校毕业生就业促进计划,对困难家庭的毕业生实行全程就业服务,推动实现高校毕业生更加充分和更高质量地就业。

2014 年,上海高校实际毕业生数为 17.56 万人,其中研究生 3.79 万人、本科生 8.91 万、专科(高职)生 4.86 万。截至 8 月底,2014 年上海高校毕业生初次就业率为 95.9%,与上年同期基本持平。

4. 劳务派遣新政施行效果有所显现

2014 年 3 月 1 日起正式施行的《劳务派遣暂行规定》,严格限定劳务派遣的用工范围和用工比例,并要求用工单位在新规实施之日的两年内降至规定比例以内。[①]不少企业表示将采取措施减少劳务派遣用工规模,政策调

---

① 《劳务派遣暂行规定》第三条规定,"用工单位只能在临时性、辅助性或者替代性的工作岗位上使用被派遣劳动者"。第四条规定"用工单位应当严格控制劳务派遣用工数量,使用的被派遣劳动者数量不得超过其用工总量的 10%"。第二十八条规定"用工单位在本规定施行前使用被派遣劳动者数量超过其用工总量 10% 的,应当制定调整用工方案,于本规定施行之日起 2 年内降至规定比例。但是,《全国人民代表大会常务委员会关于修改〈中华人民共和国劳动合同法〉的决定》公布前已依法订立的劳动合同和劳务派遣协议期限届满日期在本规定施行之日起 2 年后的,可以依法继续履行至期限届满"。

整对企业用工的影响有所显现。

2 季度企业用工调查结果显示,面对劳务派遣新规,在使用劳务派遣工的 289 家调查单位中,超过六成的企业主动调整劳务派遣规模以符合新规定的要求。其中,21.5％的企业表示将采取劳务派遣人员转为正式员工的方式减少派遣用工规模,17.3％的企业将采取劳务外包的形式化解用工矛盾,16.3％的企业将逐步解除劳务派遣合同并缩小劳务派遣人员规模;另有8.4％的企业将采取其他办法符合新规定的要求。

5. 前三季度企业用工情况基本稳定

(1) 企业生产和经济效益稳定

3 季度企业用工调查显示,19.8％的企业认为本企业前三季度生产经营状况好于去年同期,63.6％的企业认为生产经营状况保持正常,表明八成以上的企业生产经营状况趋好或稳定。同时,19.2％的企业认为经济效益比上年同期有所增长,59.7％的企业认为基本持平,21.1％的企业认为下降(见图 2)。

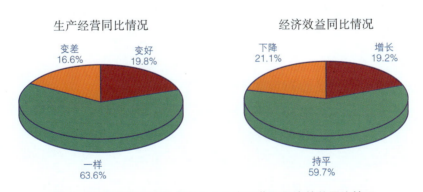

生产经营同比情况

变差 16.6%　变好 19.8%　一样 63.6%

经济效益同比情况

下降 21.1%　增长 19.2%　持平 59.7%

图 2　2014 年前三季度上海企业生产经营和经济效益同比情况

(2) 企业用工情况稳中趋好

前三季度,87.4%的企业认为本企业用工状况趋于合理或保持稳定,分别比上半年和 1 季度提高 0.5 个和 2.6 个百分点。其中,29.2%的企业认为前三季度用工状况比去年同期趋合理,58.2%的企业认为保持稳定。只有

12.6％的企业认为有待调整（见图3）。分行业看，金融业、信息产业、建筑业等行业前三季度用工情况趋合理或保持稳定的比重较高，分别达 96.3％、96.2％和 92.5％。

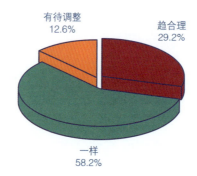

图3　2014年前三季度上海企业用工整体情况与上年同期对比

企业用工同生产经营需要的适应程度较高。调查显示，83.4％的企业认为目前用工总体状况适应企业自身发展的需要，仅有 3.8％的企业认为目前用工状况不能适应企业发展需要，另有 12.8％的企业认为难以确定。

（3）企业招聘需求稳定

调查结果显示，有 58.2％的被调查企业在 1～8 月中招聘了人员，这一比重比去年同期提高 1.5 个百分点。9～12 月仍有 46.7％的企业有招聘员工的需求，表明企业总体的招聘需求处于较稳定的状态。

6. 上海劳动就业存在的问题

（1）就业结构性矛盾依然突出

2014 年，上海"就业难"和"招工难"并存现象依然存在。一方面，部分高校毕业生因毕业生人数增加、个别行业需求下降、所学专业特色不明显、综合素质不高等原因导致就业难度较大。另一方面，企业招聘员工的难度也在增加，2 季度企业用工调查显示，在有实际招聘应届高校毕业生的企业中，29.5％的企业在招聘应届高校毕业生时存在招聘难问题，主要原因是毕业生期望薪酬与企业预期存在矛盾、毕业生所学专业或技能满足不了企业需要；1 季度调查显示，35.4％的企业存在"招工难"问题，问题更为突出的（可多选）

是住宿和餐饮业(61.2%)和工业企业(44.3%),造成企业招工难的主要原因是薪酬福利不能满足求职者要求、应聘者技能不符合岗位要求、应聘者少等。

(2) 规范劳务派遣用工任务艰巨

虽然劳务派遣规模逐步缩小,但按照《劳务派遣暂时规定》中对劳务派遣用工 10%的比例限制,上海要达成这个目标显然任重道远。主要困难包括:

一是全市劳务派遣规模较大,且集中在少数行业。2014 年 3 季度,"四上"单位①劳务派遣人员期末人数为 102.74 万人,占从业人员期末人数的比重为 16.6%。"四上"单位的劳务派遣人员主要集中在制造、建筑、交通等行业,这些行业的劳务派遣用工规模均超过 10 万人。如何在规范劳务派遣用工过程中保持全市就业稳定成为摆在当前就业的突出问题。

二是一些企业不知晓劳务派遣用工比例限制的情况。2 季度企业用工调查结果显示,68 家劳务派遣用工比重超 10%的企业仍然选择继续维持或扩大劳务派遣用工规模,占拥有劳务派遣人员的企业比重为 23.5%。3 季度调查结果显示,少数应办理劳务派遣用工备案手续的单位尚未办理相关手续,个别应办理手续的单位甚至不了解劳务派遣用工备案的规定。这些表明相关宣传和监督检查的力度有待加强。

(3) 阶段性缺工现象突出

缺工情况在部分行业和春节前后依然存在。1 季度企业用工调查结果显示,7.5%的企业面临长期性缺工;22%的企业存在短期性缺工,这意味着共有 29.5%的被调查企业存在缺工情况。缺工最严重的行业是住宿和餐饮业,缺工企业比重达 51%。造成企业缺工的首要原因(可多选)是外来务工人员春节返乡、短期内难以找到合适人员(52.3%),其次是人员流失问题严重(33.4%),再者是企业规模扩大、订单增加(31.2%)等。

二、 2015 年上海就业形势预测

展望 2015 年,在国内资源环境约束加强、国际经济复苏不稳定的双重

---

① "四上"单位:是指规模以上工业、有资质的建筑业、限额以上批发和零售业、限额以上住宿和餐饮业、全部房地产开发经营业、规模以上服务业的法人单位。

压力下,上海将进一步优化经济结构,就业压力仍然存在。

1. 企业对 2015 年用工状况预期趋稳

3 季度企业用工调查结果显示,18.7％的企业预计 2015 年用工情况比 2014 年趋好,69％的企业认为保持稳定,只有 12.3％的企业预计用工状况将不如 2014 年。分行业看,金融业、信息传输、软件和信息服务业企业对 2015 年用工预期的预期较好,住宿和餐饮业企业对 2015 年用工情况的预期相对不乐观(见表 3)。

表 3　上海企业对 2015 年用工情况的预期

行　　业	趋好(%)	不变(%)	趋差(%)
合计	18.7	69.0	12.3
工业	21.8	66.4	11.8
建筑业	16.3	72.5	11.2
批发和零售业	13.7	74.9	11.4
交通运输、仓储和邮政业	18.9	67.9	13.2
住宿和餐饮业	12.0	58.0	30.0
信息传输、软件和信息技术服务业	25.9	70.4	3.7
金融业	34.6	65.4	0.0
房地产	9.0	76.9	14.1
其他服务业	20.0	68.2	11.8

2. 2015 年上海就业压力依然较大

2015 年,上海就业压力依然较大,就业任务更加繁重。

一是经济下行压力影响新增就业。2015 年,在国内资源环境约束加强、国际经济复苏不稳定的双重压力下,国内及上海经济下行压力仍存,对全市新增就业将形成一定压力。

二是就业结构性矛盾更加突出。随着技术进步加快和产业优化升级，技能人才短缺问题将更加凸显；企业用工需求与劳动力供给存在结构性失衡，造成企业"招工难"与劳动者"就业难"并存。

三是促进就业因经济社会环境变化面临新的挑战。转变经济发展方式，推进产业升级、科技进步和管理创新对提高劳动者素质提出了更高的要求。

四是规范劳务派遣用工任务艰巨。全市劳务派遣用工巨大且部分单位不知晓相关规定，如何在规范劳务派遣用工过程中保持全市就业稳定成为摆在 2015 年就业的突出问题。

五是重点就业群体就业难度依然较大。高校毕业生就业、失业青年再就业，以及就业困难群体实现就业难度依然很大。

六是公共就业服务及职业培训不能满足需要，人力资源市场信息化建设滞后，影响劳动力流动就业的体制机制障碍依然存在。

3. 对 2015 年上海就业形势趋势的判断

基于上述分析，对 2015 年上海就业发展趋势判断如下：

2015 年上海就业形势将保持稳定，从业人员总量将有所增加。预计全市从业人员总量增长幅度在 1％左右。全市城镇登记失业率不会出现大的波动，预计在 4.5％以内。

三、 促进 2015 年上海就业发展的对策建议

2015 年是实施"十二五"规划的收官之年，是全面深化改革的攻坚之年，也是上海深入推进"创新驱动发展、经济转型升级"的关键之年，上海需要坚持促进就业与经济社会发展相结合，切实把就业作为经济社会发展的优先目标，实施各项积极的就业政策；发挥市场调节作用，调节劳动力供求并引导企业吸纳就业；调节劳动者的积极性、主动性，实现自主择业和自主创业，推动实现更高质量的就业，确保就业形势稳中有进。

1. 推动经济发展与扩大就业良性互动

推动经济发展与扩大就业良性互动,要更加注重选择有利于扩大就业的经济社会发展战略,着力发展吸纳就业能力强的产业和企业。全市各级政府在制订国民经济规划、对产业结构和产业布局进行重大调整时,应把就业作为经济社会发展的优先目标予以考虑,建立健全经济发展、产业结构调整与扩大就业良性互动的长效机制。在培育战略性新兴产业中,要不断开发就业新领域,增加智力密集型就业机会。在经济转型和结构调整中,要加快实施有利于发挥劳动力比较优势的技术进步和产业升级战略。尤其要大力发展服务业,使其真正成为就业的最大容纳器。同时,稳步实现产业升级,发展资本密集、高技术制造业兼顾发展劳动密集型企业,特别是高附加值的劳动密集型企业。

2. 完善鼓励创业机制,强化创业带动就业作用

通过实施第三轮"鼓励创业带动就业三年行动计划",加大鼓励扶持创业的工作力度,充分发挥创业带动就业的倍增效应,优化创业环境,建立健全鼓励创业的各项政策和制度,形成鼓励创业的长效机制。一是加大财税支持力度,改善创业融资环境。增加政府对创业扶持的资金投入;加大大学生创业基金等专项资金的扶持力度;完善小额贷款担保和贴息的政策扶持;贯彻落实国家有关支持和促进就业有关税收优惠,加大对小微企业税收扶持力度;完善创业金融服务环境。二是深化行政审批制度改革,简化创新创业登记。三是强化创业教育和培训,提升创业者能力。四是完善创业服务体系建设,提升服务水平。

3. 统筹重点群体就业工作

2015年,高校毕业生、失业青年、就业困难人员仍然是上海就业工作的

重点群体，根据不同群体不同特点，需要采取不同措施统筹安排。一是推进高校毕业生就业。把高校毕业生就业工作摆在突出重要位置，加强对毕业生择业观的引导，加大政策宣传落实力度，实现高校毕业生更加充分和更高质量地就业。采取各种有效措施，进一步畅通企业吸纳、基层就业、就业见习、创业就业培训、灵活就业、自主创业、出国深造、参军入伍等就业渠道；建立困难毕业生数据库，加强困难毕业生就业帮扶；提高职业生涯发展教育和就业指导服务水平。二是继续实施扶持失业青年就业启航计划。注重开展对失业青年的摸底调查；注重发掘适合青年就业特点的企业和岗位；注重发挥"启航"导师的帮扶作用；注重增强公共就业服务自身的合力。三是推进困难群体就业。结合落实就业失业登记制度，开展全市就业困难群体调查，摸清就业困难群体底数，实施有针对性的就业援助。建立就业困难群体援助长效机制，实现零就业家庭等困难群体发现一户、帮扶一户、安置一户、稳定就业一户。

4. 建立健全劳动者终身职业培训体系

进一步健全面向全体劳动者的职业培训制度，完善就业技能培训、岗位技能提升培训和创业培训工作机制，使每个劳动者都有机会接受就业技能培训，使每个企业职工都能得到技能提升培训，使每个创业者都能参加创业培训。健全政府职业培训补贴制度，提高补贴资金的使用效益，发挥政府补贴的激励和引导作用。

5. 健全公共就业服务体系，提升公共就业服务水平

公共就业服务体系是就业工作的重要载体，具有稳就业、保民生、促和谐的积极作用。按照统一领导、统一制度、统一管理、统一服务标准、统一信息系统的要求，统筹规划上海公共就业和人才交流服务机构建设，逐步实现基本公共服务均等化，为有劳动能力和就业愿望的劳动者创造平等就业创业机会。通过健全公共就业服务制度、提高公共就业服务专业化和标准化

水平、提高公共就业服务信息化水平，努力提升全市公共就业服务水平。

6. 利用上海自贸试验区和迪士尼项目促进就业发展

上海自贸试验区的加快建设，使得港口、物流、金融、贸易等多个行业迎来新的发展机会，催生了大量人才需求。同时，建设中的上海迪士尼乐园，2015年底正式营运后，旅游业、现代商贸业和文化产业等产业都将受益，将为上海带来上万个直接和间接的就业岗位。上海应充分抓住自贸试验区先行先试的制度优势和迪士尼乐园开园的契机，使金融业、商贸业、现代物流业、文化产业等行业得到充分发展，促进相关产业就业的发展。

后　记

2014 年是全面贯彻落实党的十八大和十八届二中、三中和四中全会精神的关键之年，也是"十二五"规划收官前的冲刺之年。上海市统计科学应用研究所课题组深入贯彻十八大精神，进一步发挥统计工作的职能作用，为城市经济发展和社会进步提供统计服务保障，编撰出版《2014～2015 上海经济形势——回顾与展望》一书。这也是在有关各方支持下推出的第七本年度经济报告。

本期报告的编撰分工如下：

课题总纲、编审：王建平。

审稿：吴铭、蒋蔚超、张严、汤汇浩、肖永培、赵江清、杨莉；朱章海、刘稚南、吴展敏、范具才、孙德麟以及各位执行编委；汤汇浩协助编审。撰稿：总报告由陈君君执笔；分报告中，R&D 投入篇由吴和雨执笔；航运中心篇由李文娟执笔；先行指数篇由张嬹、陆钰华执笔；发展环境篇由张凤执笔；投资篇由陈骁冬执笔；消费篇由吴艳蓉执笔；外贸篇由王倩倩执笔；外资篇由吴胜娟执笔；农业篇由张九虎执笔；工业篇由张云逸执笔；第三产业篇由张诚、屠孟樵执笔；金融篇由王莉芳执笔；房地产篇由罗欣蟾、张洁瑜执笔；生产价格篇由高显扬执笔；消费价格篇由韩君执笔；城乡居民收入篇由程顺森执笔；就业篇由赵舟执笔。统稿和编辑：阮大成、金慧莲、熊礼生、张凤、朱国众、曹家乐、陈振、许亦楠、郭晶晶、刘静、王韵。英文编辑：张凤。

此外，本报告在撰写和编辑过程中，得到了上海市发展和改革委员会、上海市商务委员会、上海市经济和信息化委员会、上海市财政局、上海市人力资源和社会保障局、上海市住房保障和房屋管理局、上海海关、上海市知识产权局、中国人民银行上海总部、中国证券监督管理委员会上海监管局、中国保险监督管理委员会上海监管局、中国银行业监督管理委员会上海监管局、上海市交通运输和港口管理局等部门的支持与帮助，在此一并深表谢忱！

由于时间所限，书中难免有不足和疏漏之处，诚恳希望社会各界指正。

编　者

2014 年 12 月

图书在版编目(CIP)数据

2014～2015上海经济形势:回顾与展望/王建平主编.—上海:格致出版社:上海人民出版社,2015
ISBN 978-7-5432-2487-2

Ⅰ.①2… Ⅱ.①王… Ⅲ.①区域经济-经济分析-上海市-2014②区域经济-经济预测-上海市-2015
Ⅳ.①F127.51

中国版本图书馆CIP数据核字(2015)第002017号

责任编辑　忻雁翔
封面设计　蔡旭洲
美术编辑　路　静

2014～2015上海经济形势——回顾与展望

王建平　主编

出　版	世纪出版股份有限公司　格致出版社 世纪出版集团　上海人民出版社 (200001　上海福建中路193号　www.ewen.co) 　编辑部热线　021-63914988 市场部热线　021-63914081 www.hibooks.cn	印　刷	苏州望电印刷有限公司
发　行	上海世纪出版股份有限公司发行中心	开　本	787×1092　1/16
		印　张	15.5
		字　数	223,000
		版　次	2015年1月第1版
		印　次	2015年1月第1次印刷

ISBN 978-7-5432-2487-2/F·812　　　　　　　　　　定价:80.00元